Anaïs Bernabé

Art Book

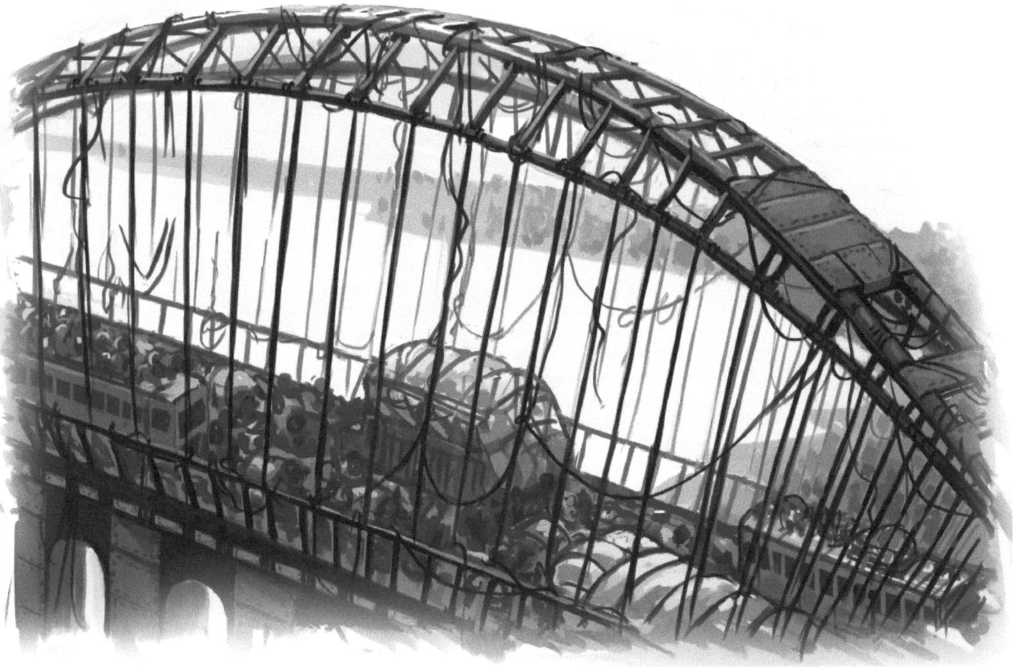

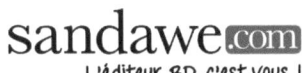

*Cet Art Book a été réalisé à l'occasion de la parution de l'album « La pluie des corps » créée par Anaïs Bernabé et Florian Quittard.
Il a été imprimé à 150 exemplaires hors commerce.*

Dépôt légal : Février 2017
ISBN : 978-2-39014-193-8
Mise en page : Jean-Baptiste Merle
Droits de traduction et de reproduction réservés pour tous pays. Il est strictement interdit, sauf accord préalable et écrit de l'éditeur, de reproduire partiellement ou totalement le présent ouvrage, par quelque procédé que ce soit (et notamment par photocopie ou numérisation), de le stocker dans une banque de données ou de le communiquer au public. Une copie ou reproduction constitue une contrefaçon passible des peines prévues par la loi du 11 mars 1957 sur la protection des droits d'auteur.

© Sandawe, 2017.
Editeur responsable : Editions Sandawe, 431, Chaussée de Louvain, bât F, bte 1, B-1380 Lasne, Belgique.

Illustration jeunesse

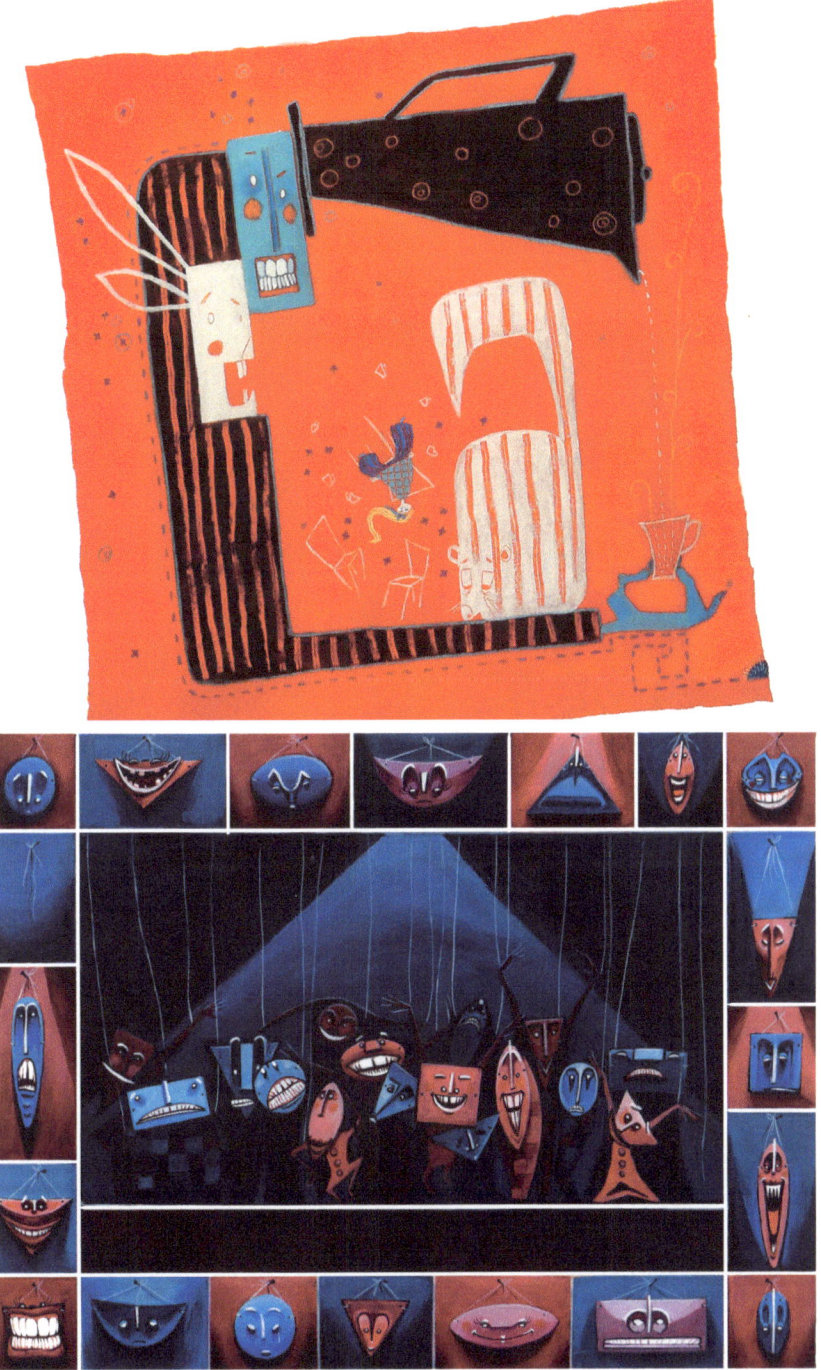

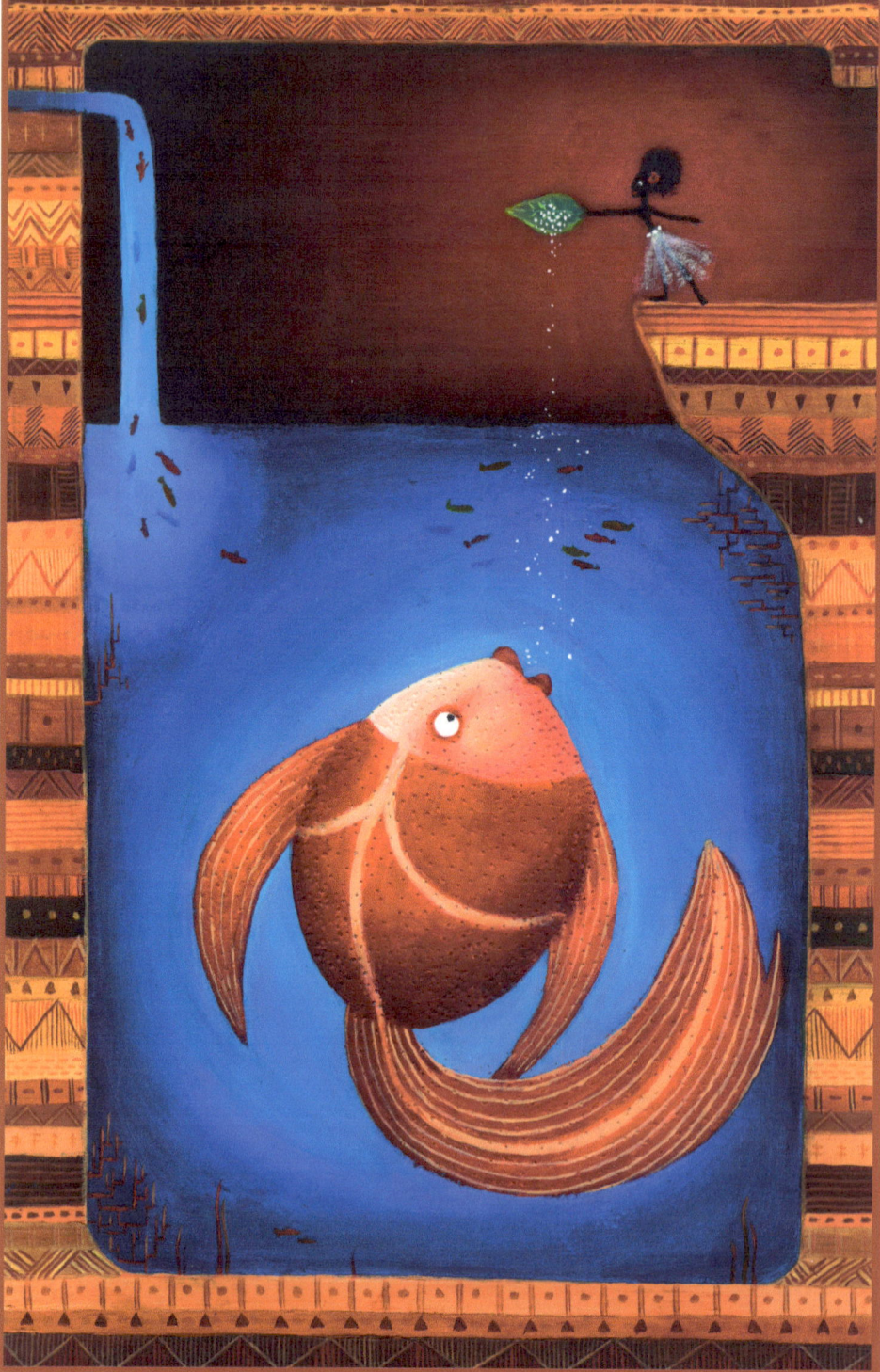

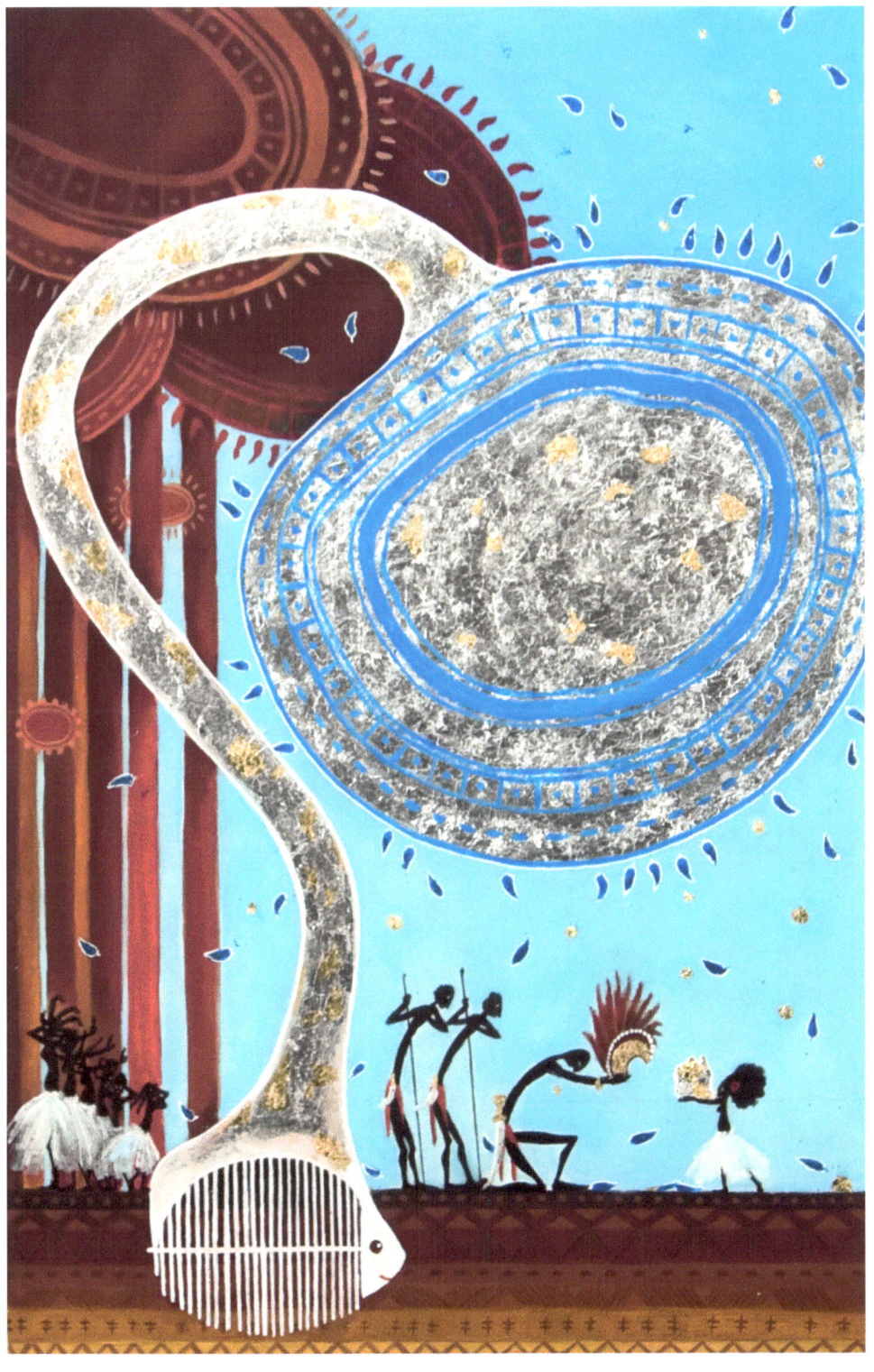

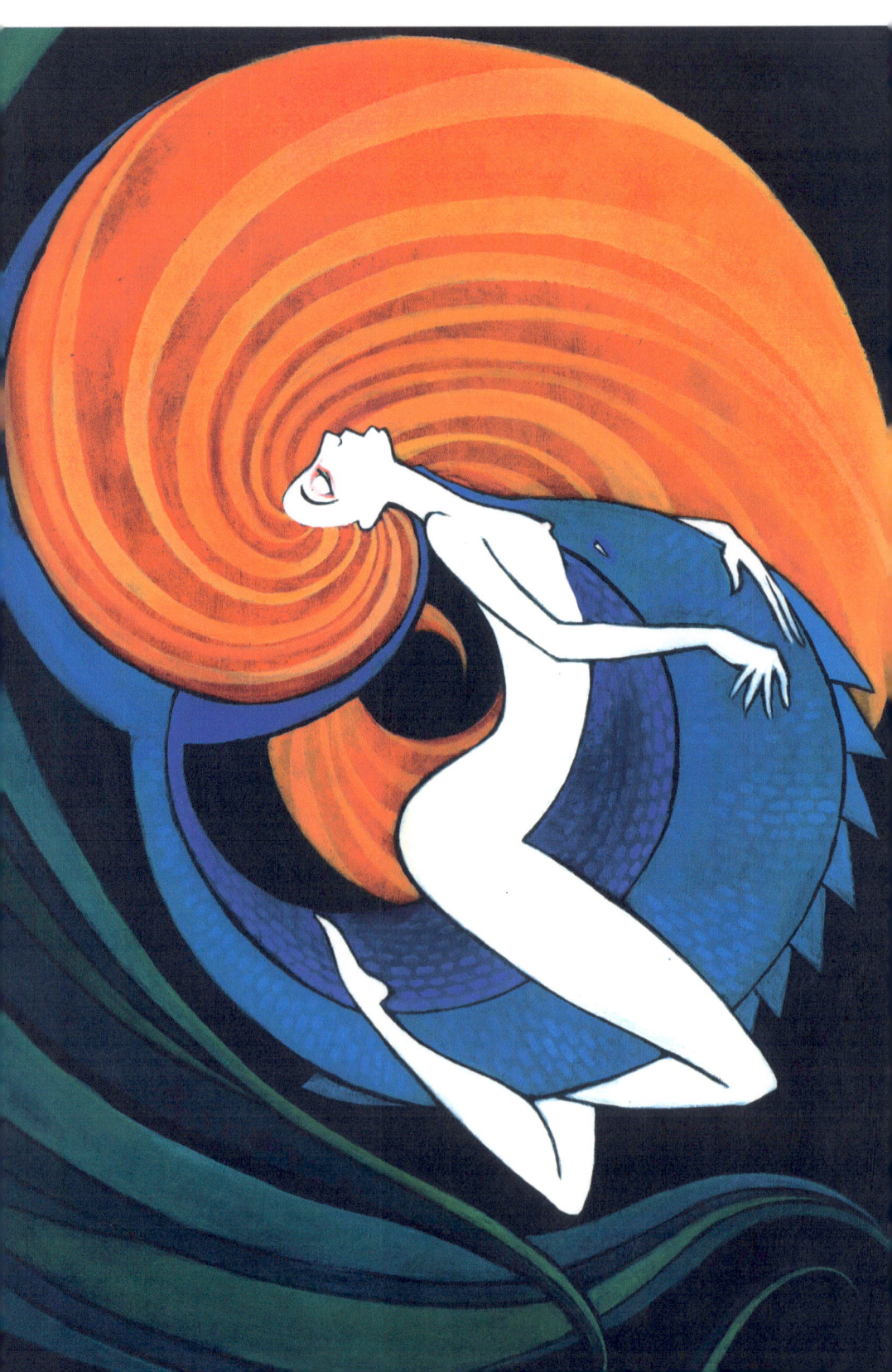

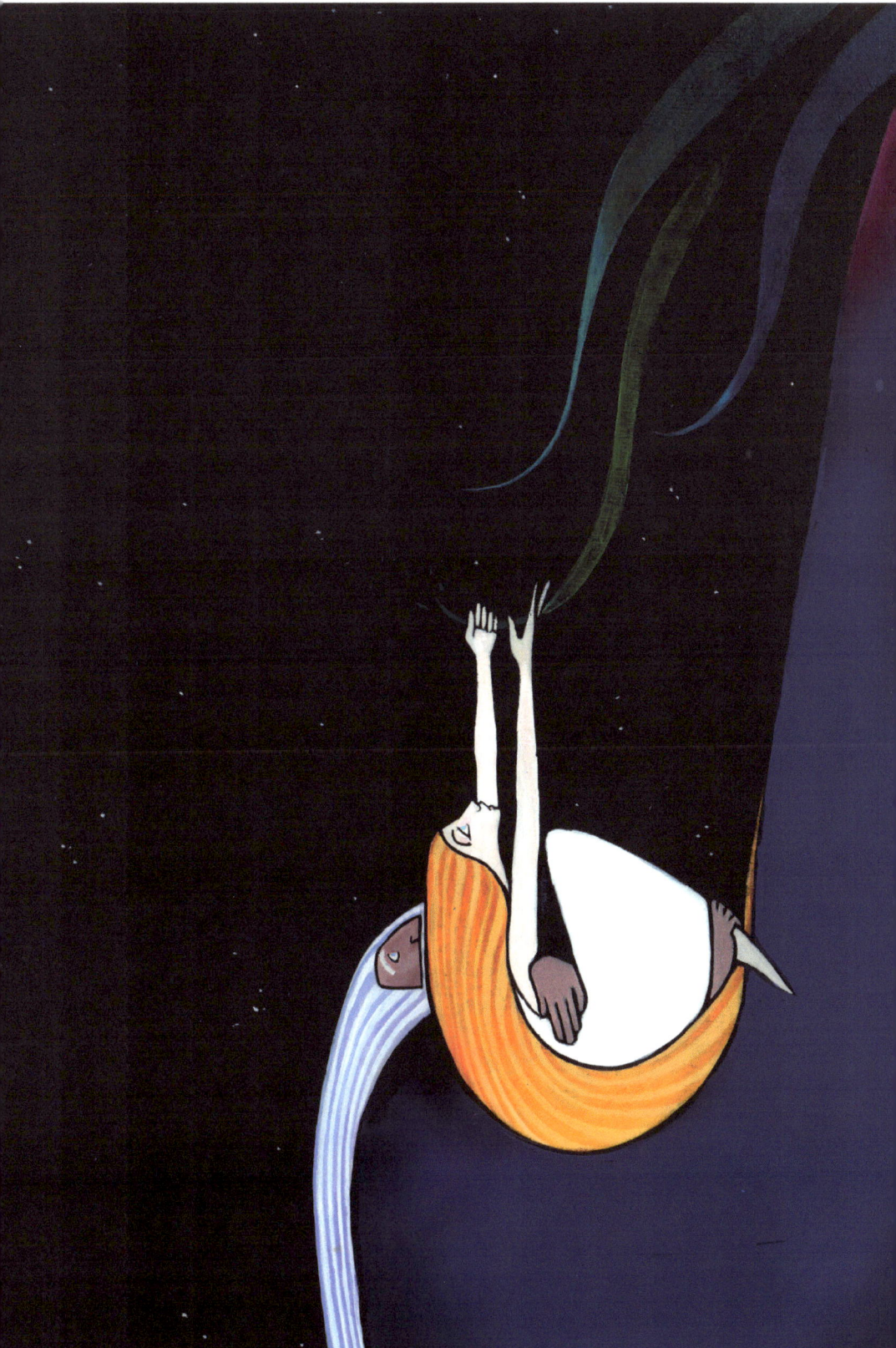

Assassin's Creed multiplayer

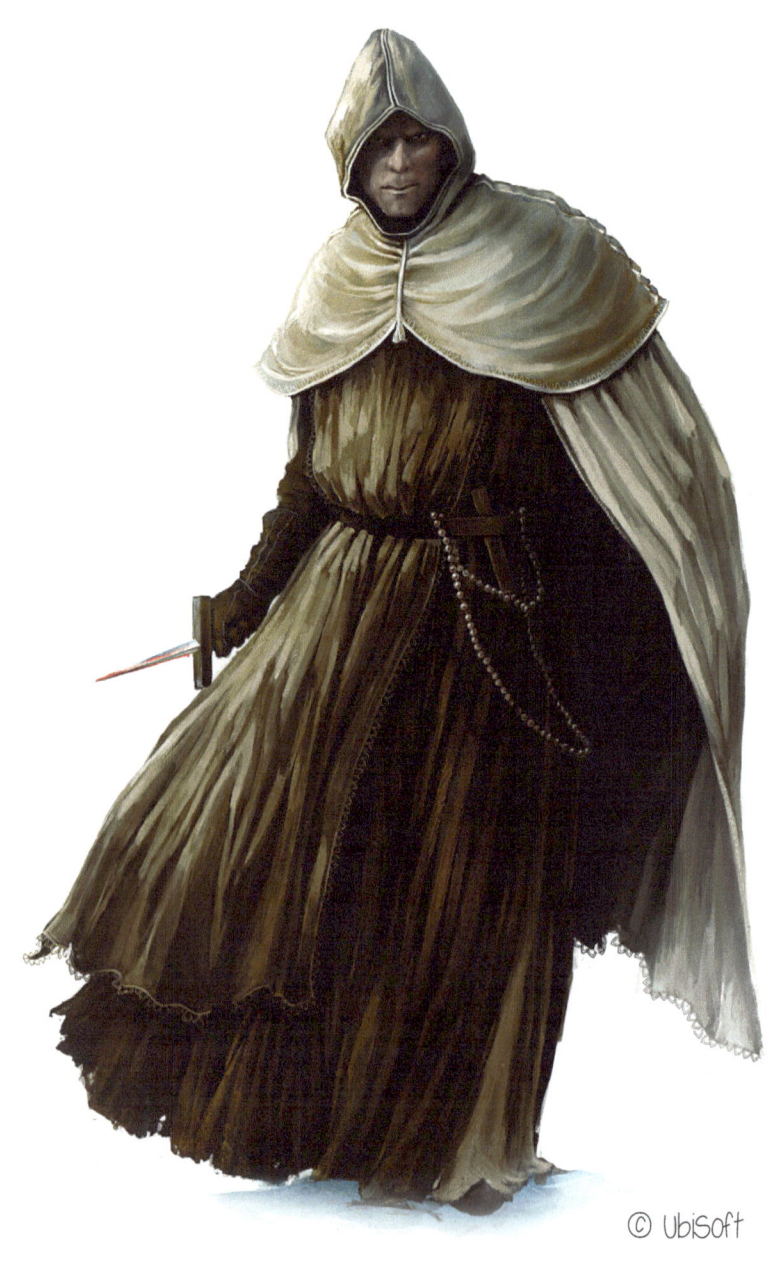

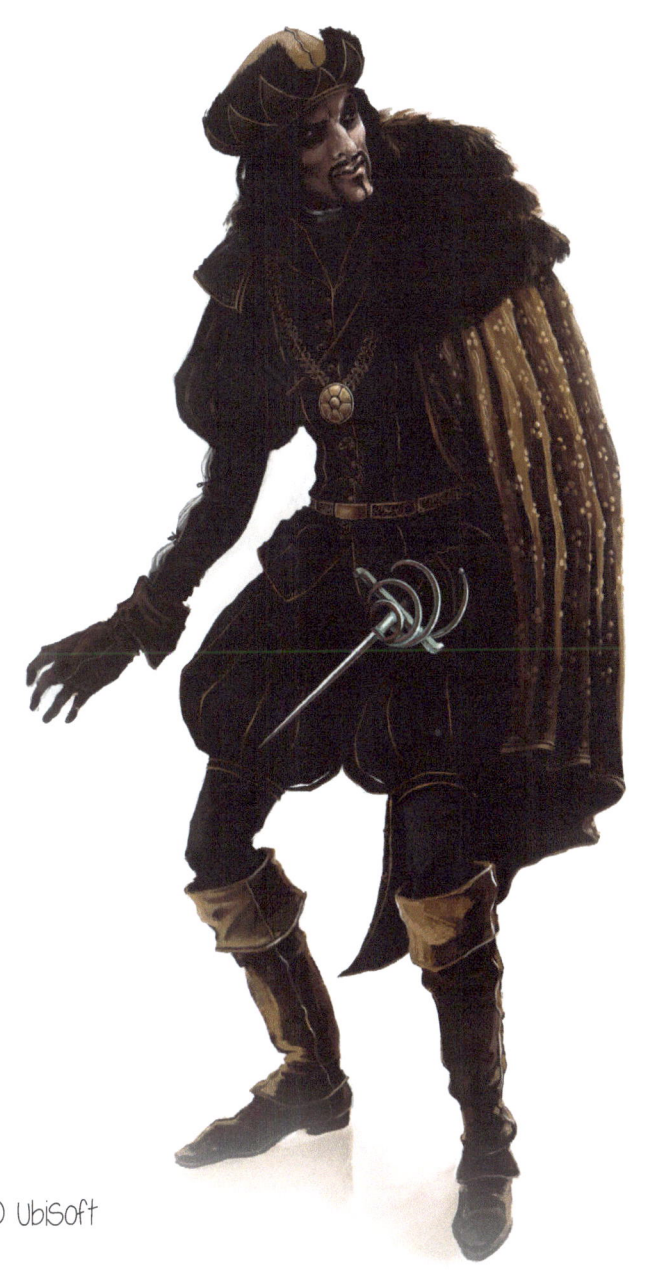

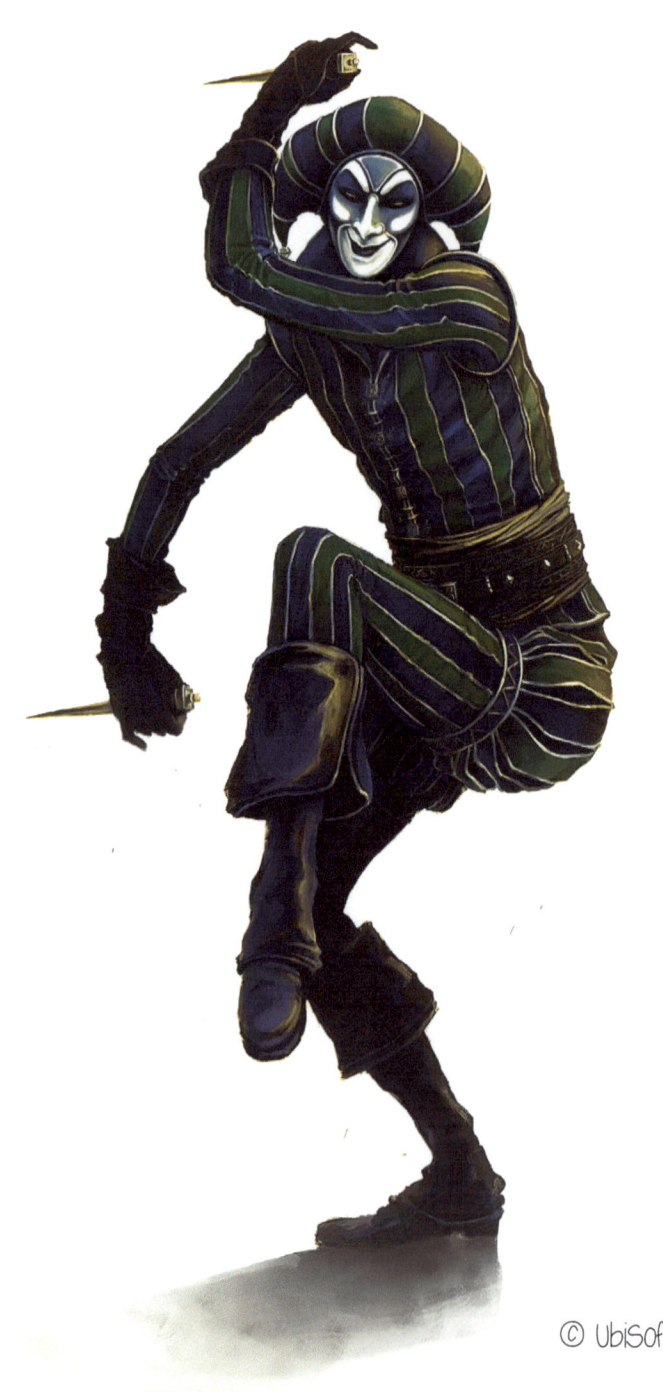

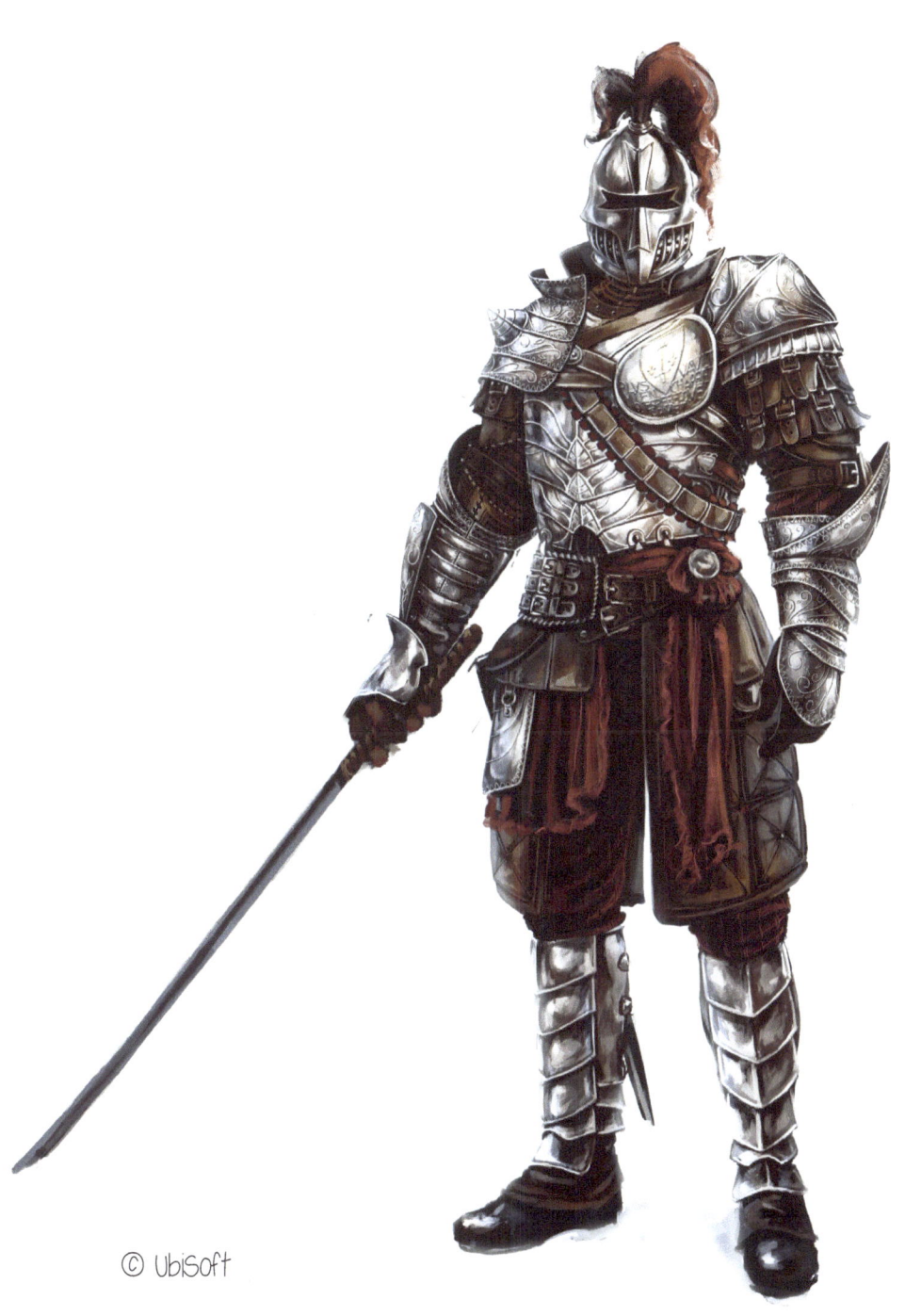

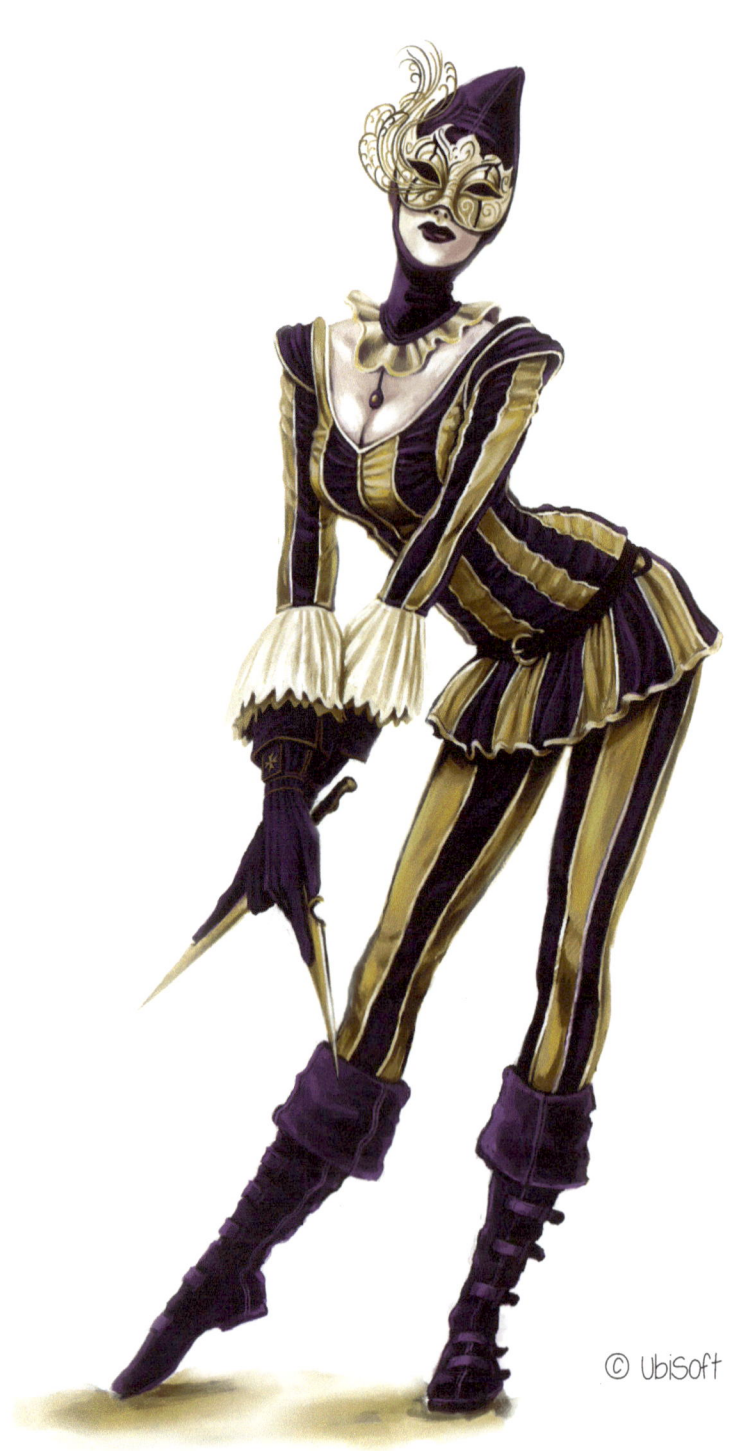

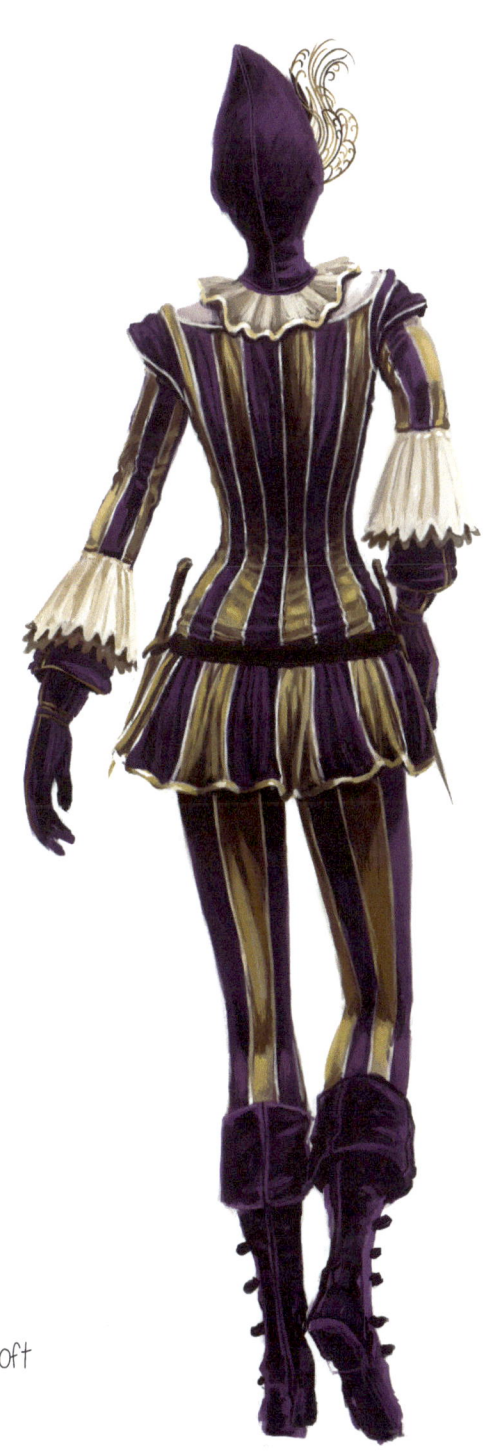

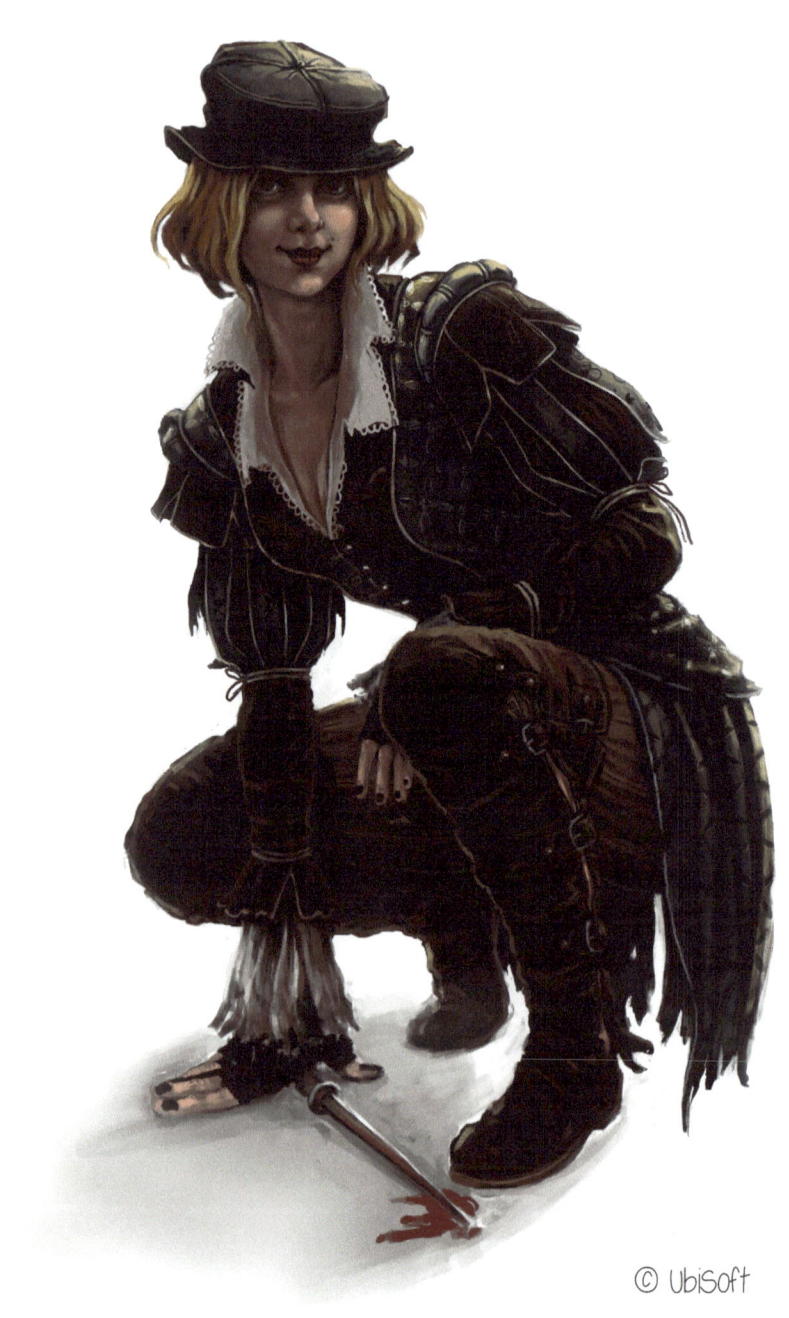

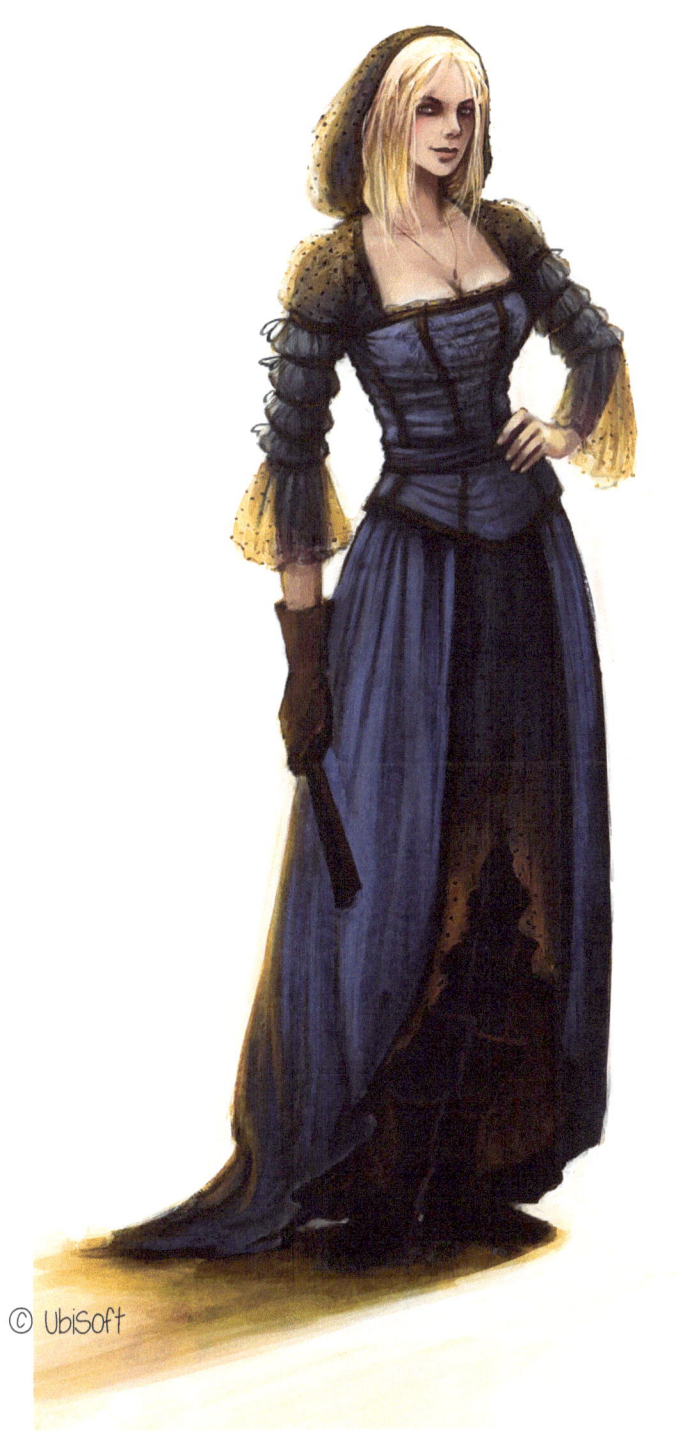

Pratt - Projet inabouti

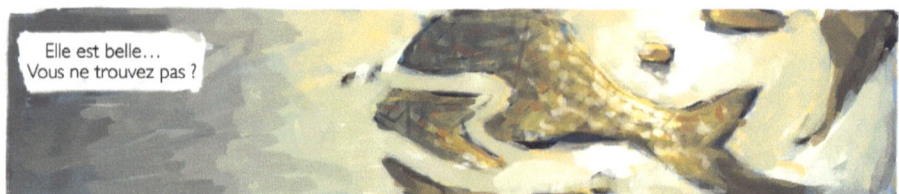
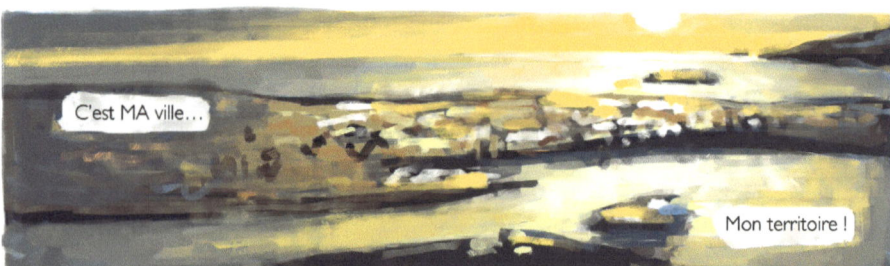
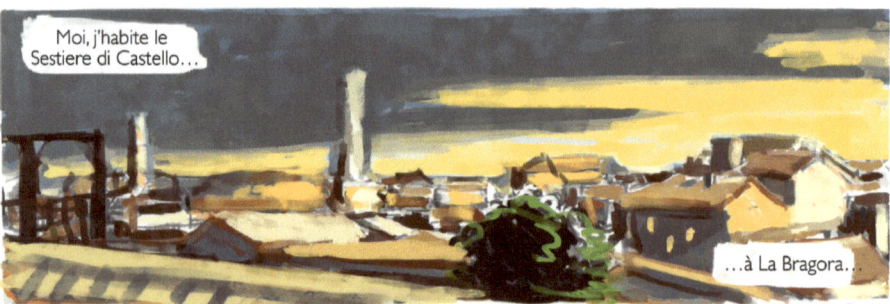
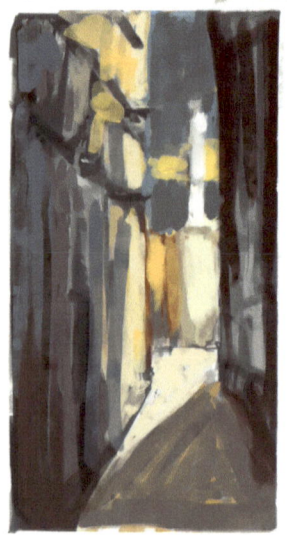
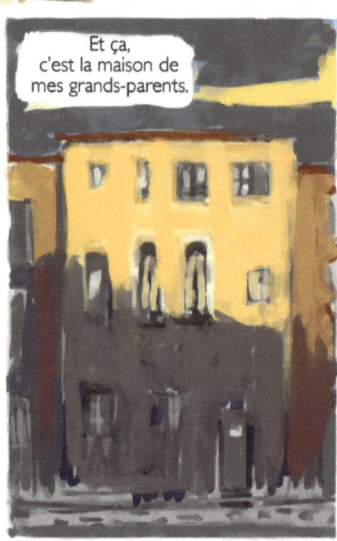
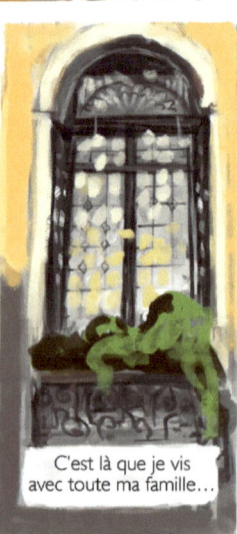

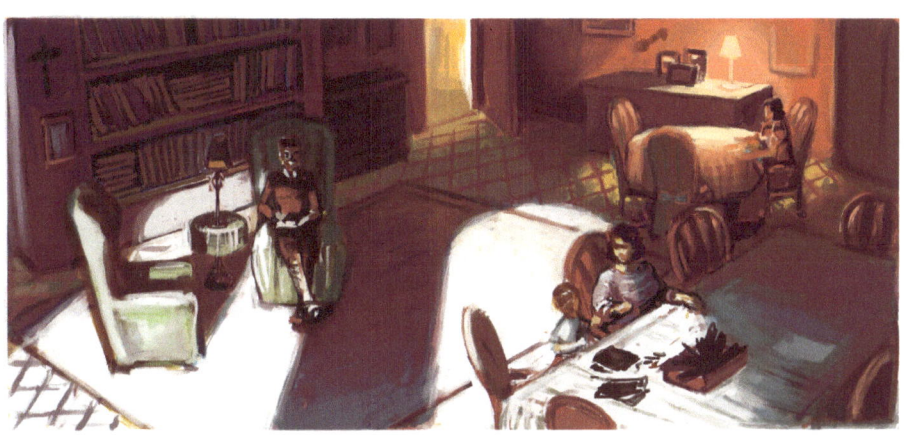

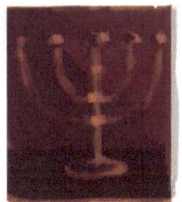
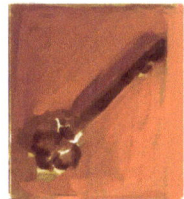
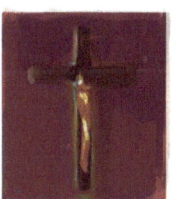
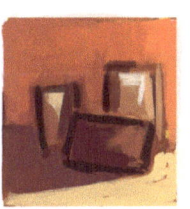
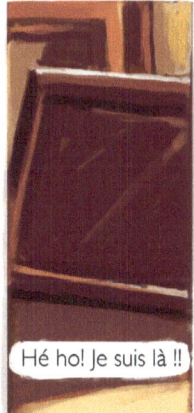

Hé ho! Je suis là !!

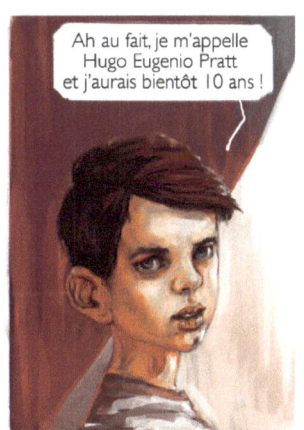

Ah au fait, je m'appelle Hugo Eugenio Pratt et j'aurais bientôt 10 ans !

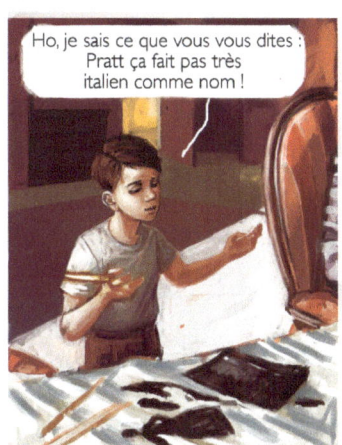

Ho, je sais ce que vous vous dites : Pratt ça fait pas très italien comme nom !

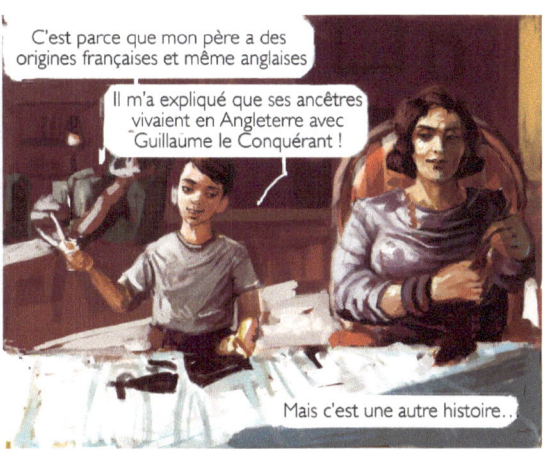

C'est parce que mon père a des origines françaises et même anglaises

Il m'a expliqué que ses ancêtres vivaient en Angleterre avec Guillaume le Conquérant !

Mais c'est une autre histoire...

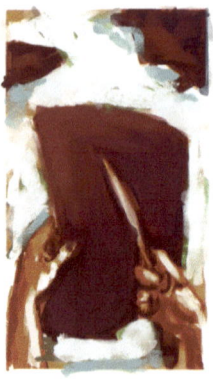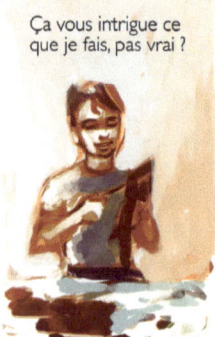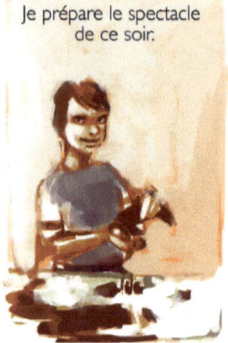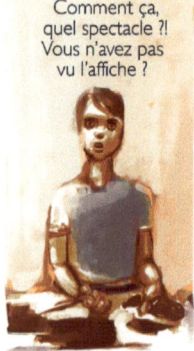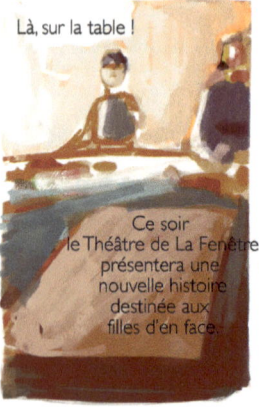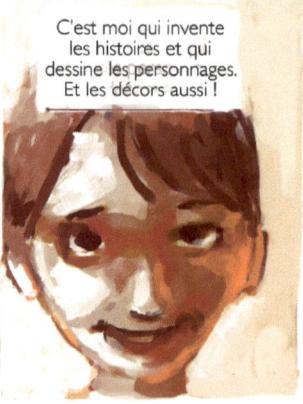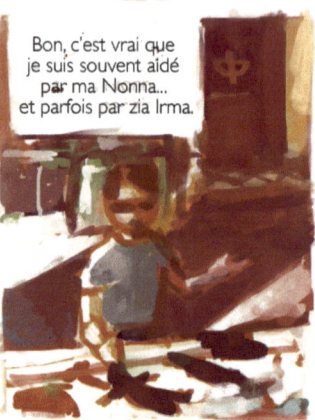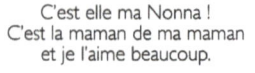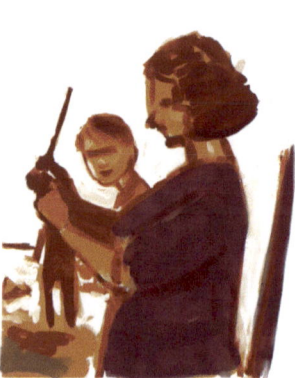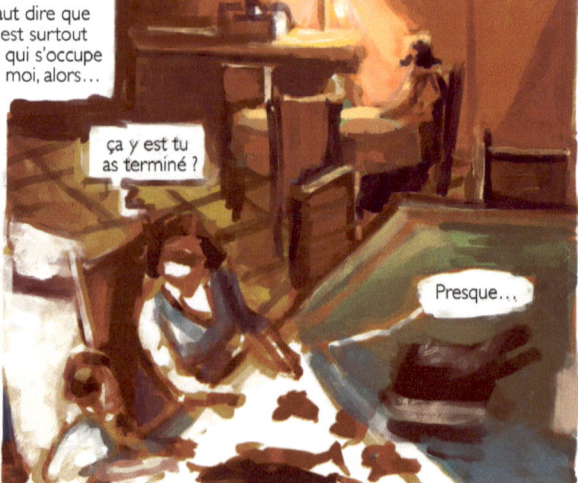

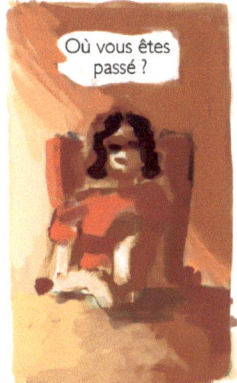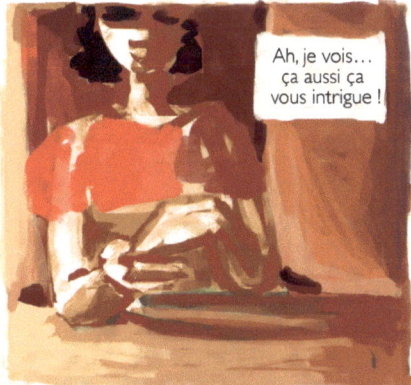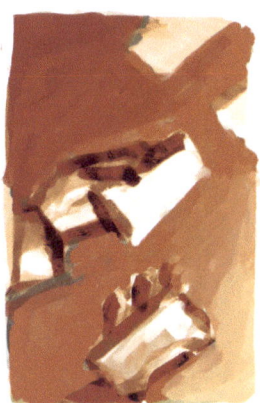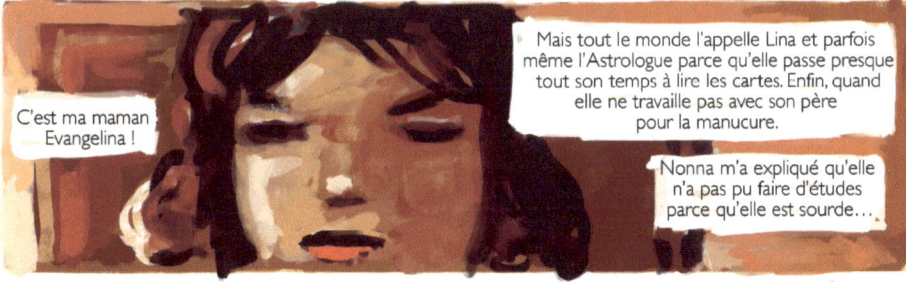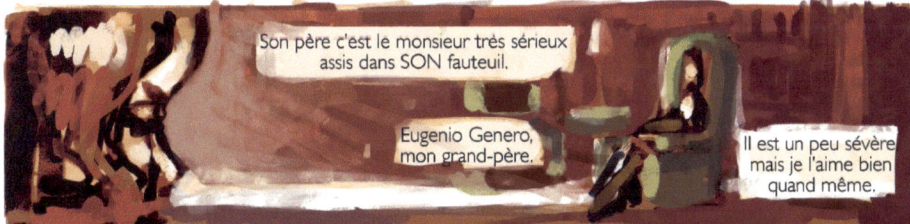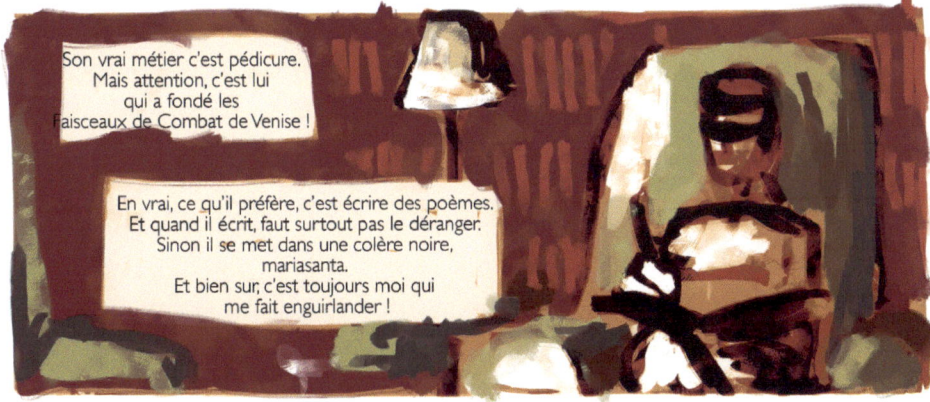

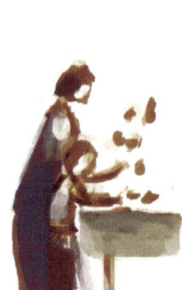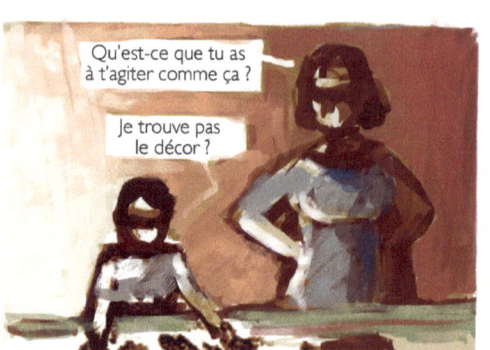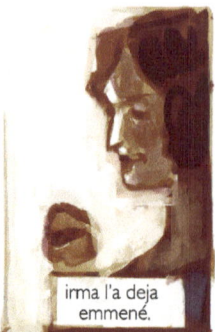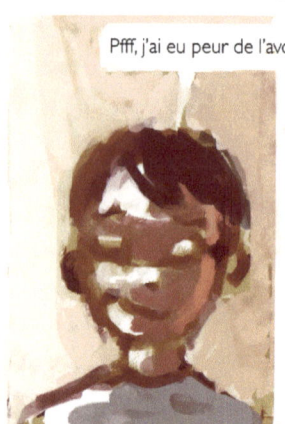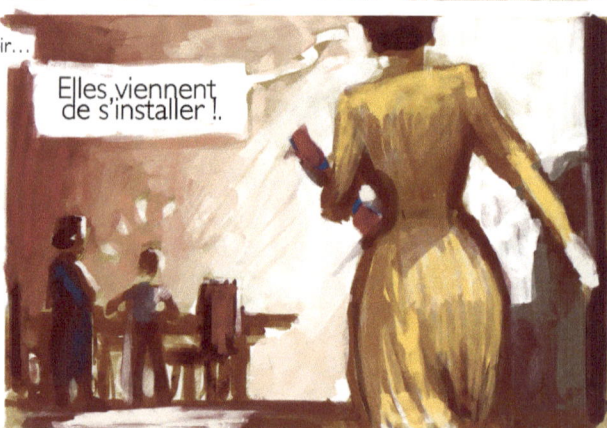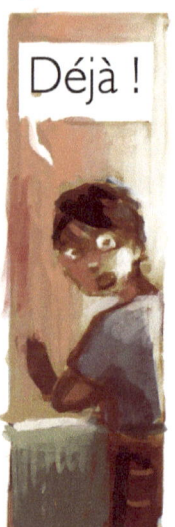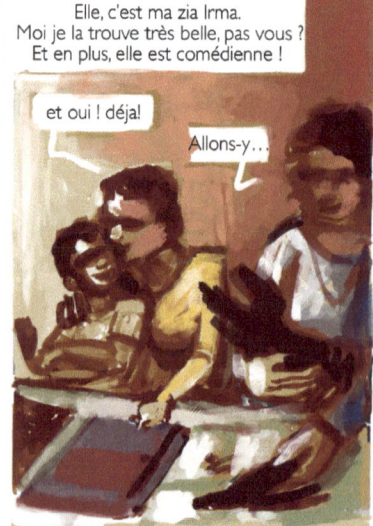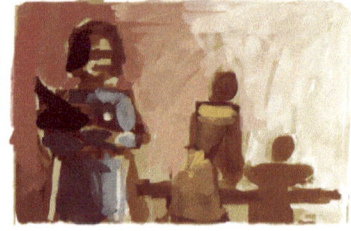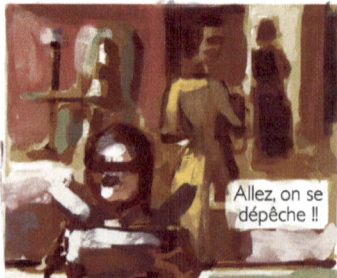

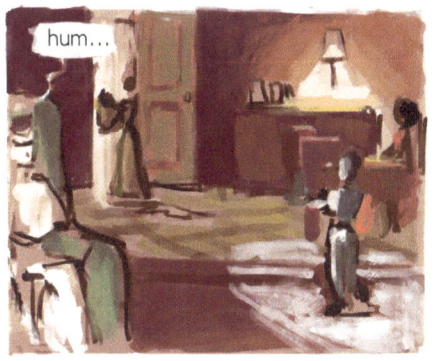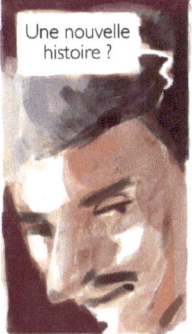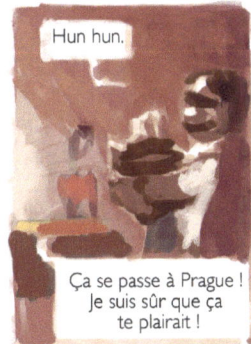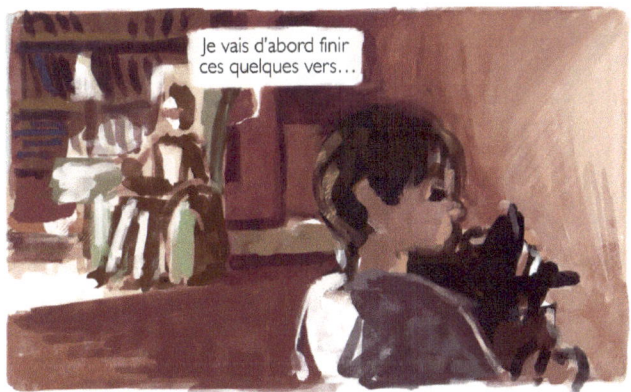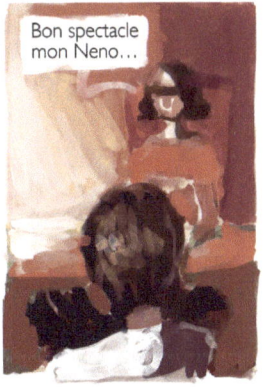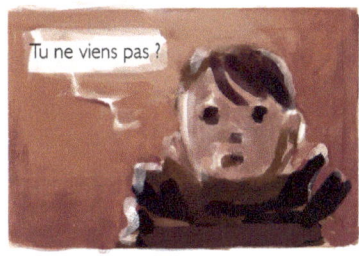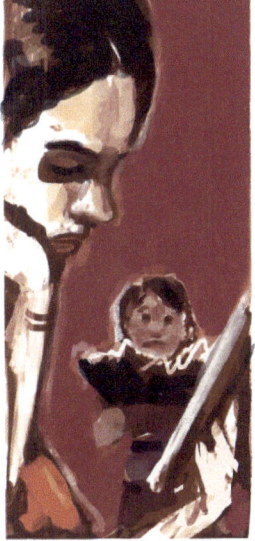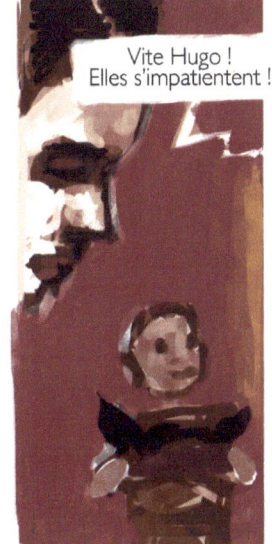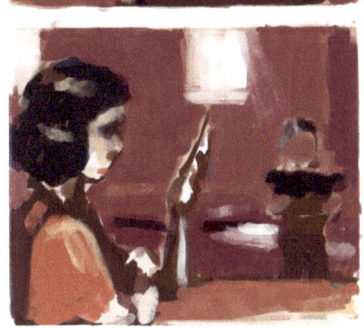

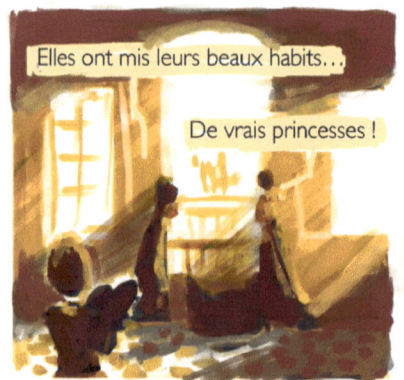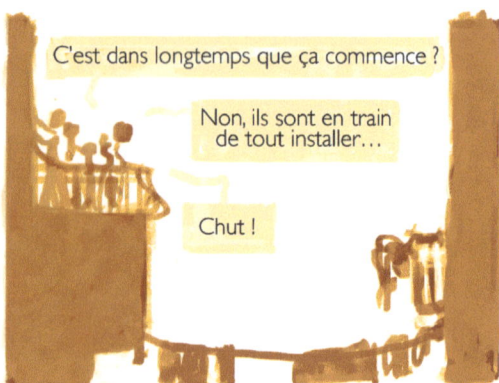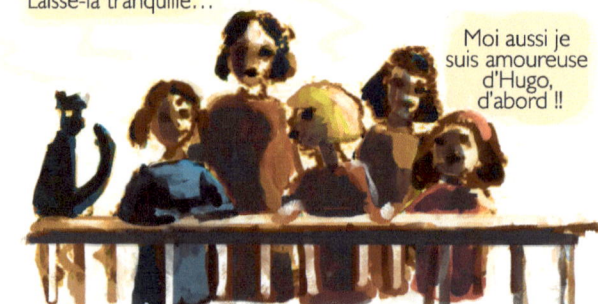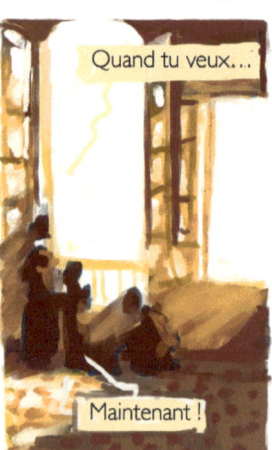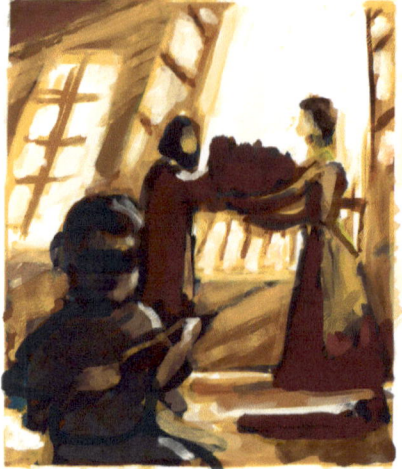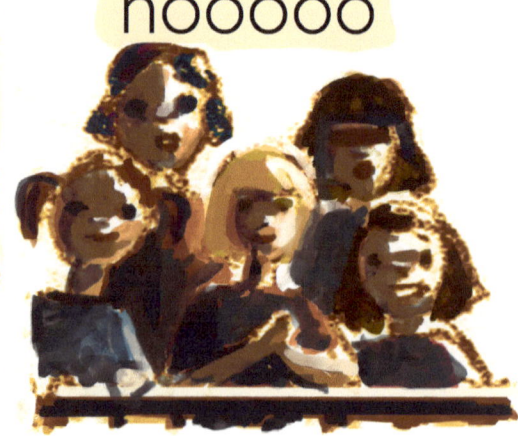

Révolution(s) — Projet inabouti
Scénariste : Isabelle Bauthian.

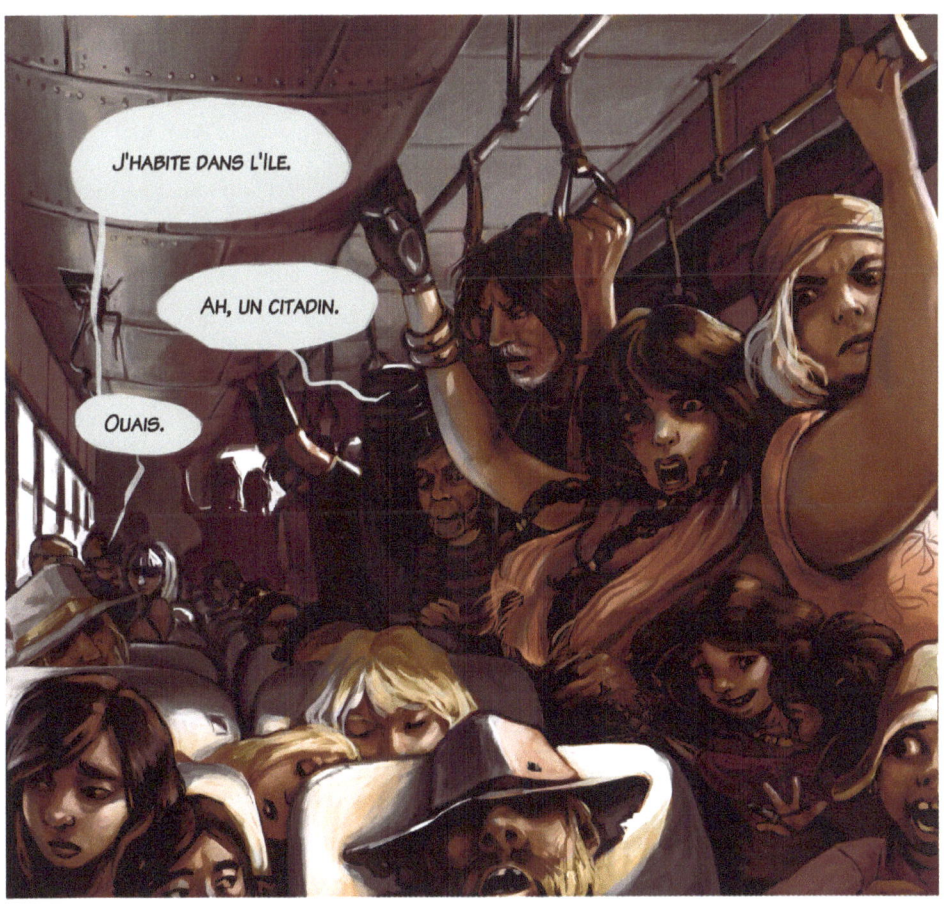

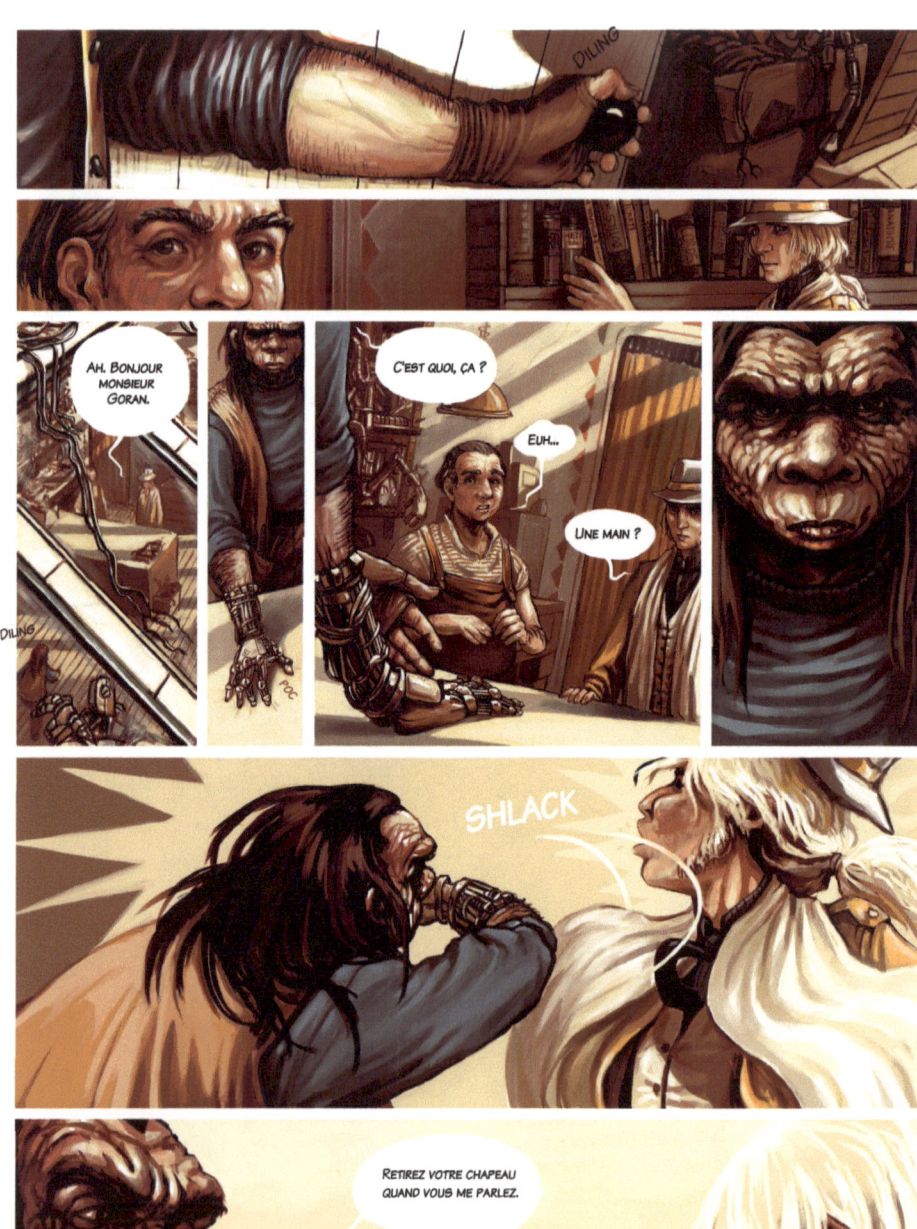

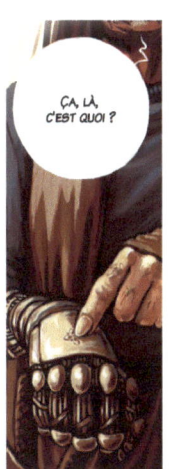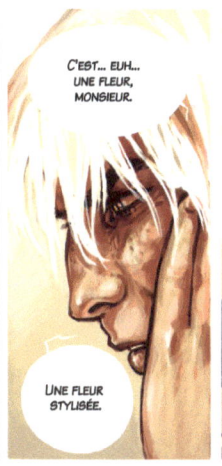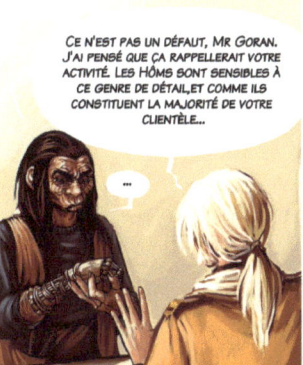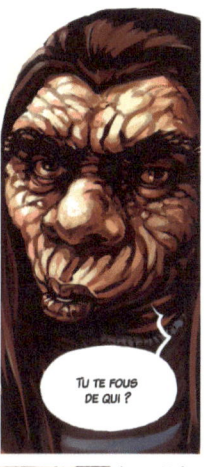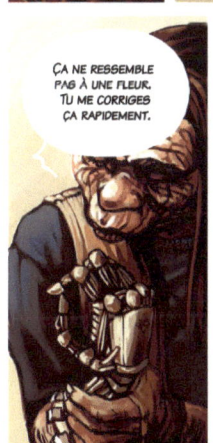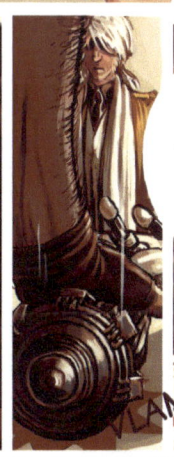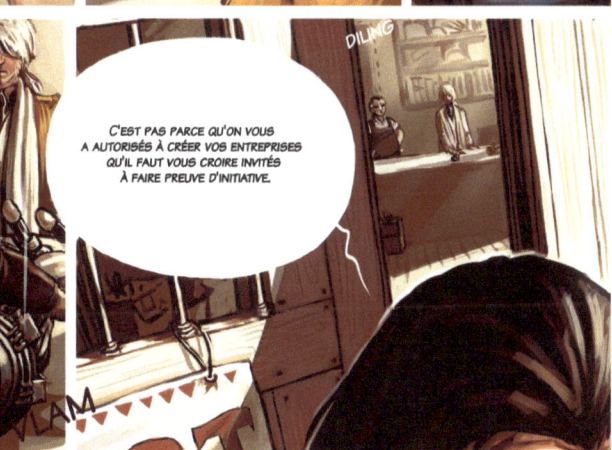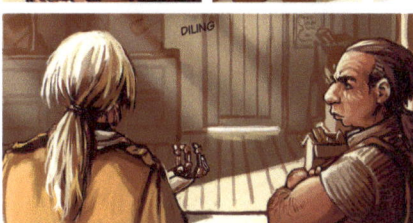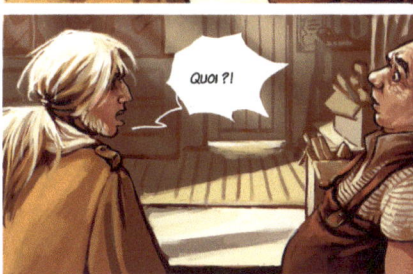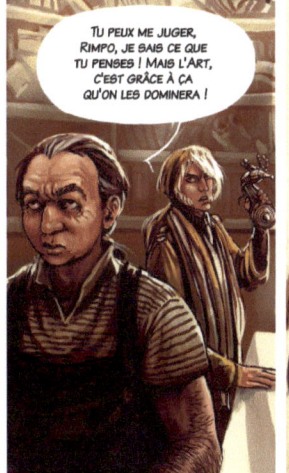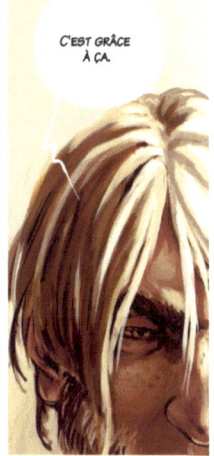

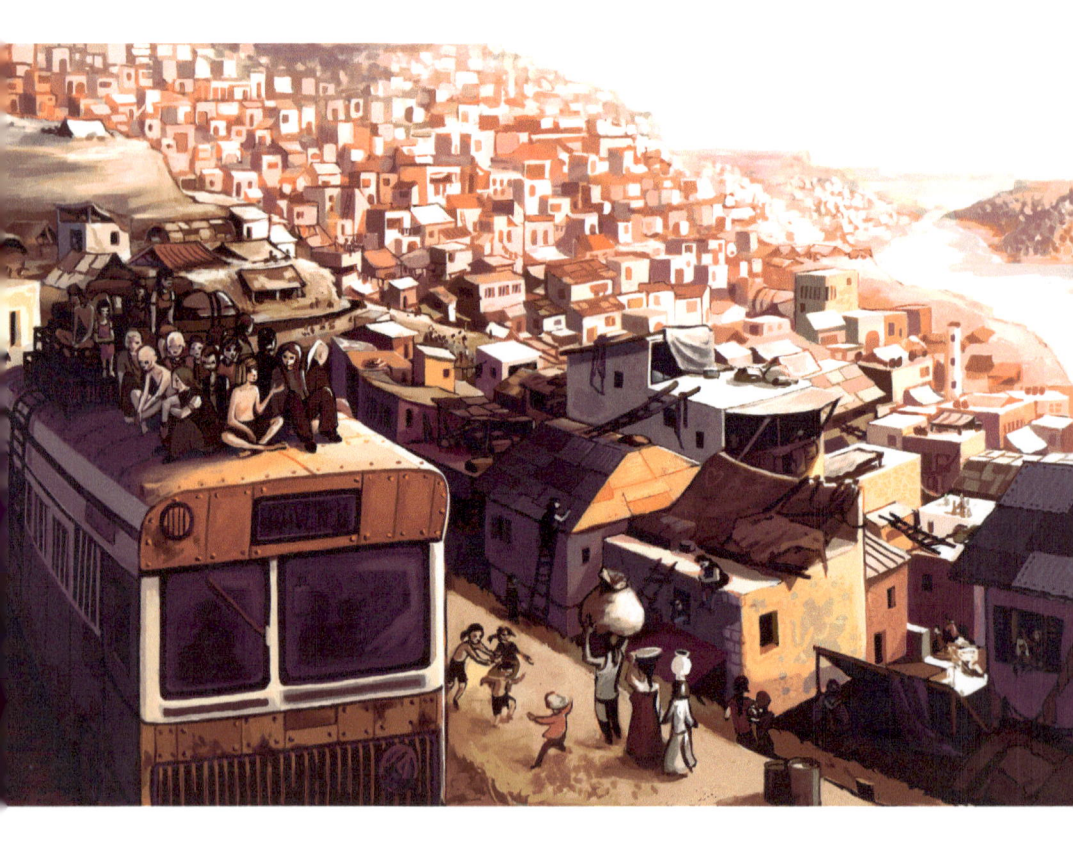

Recherche de personnages

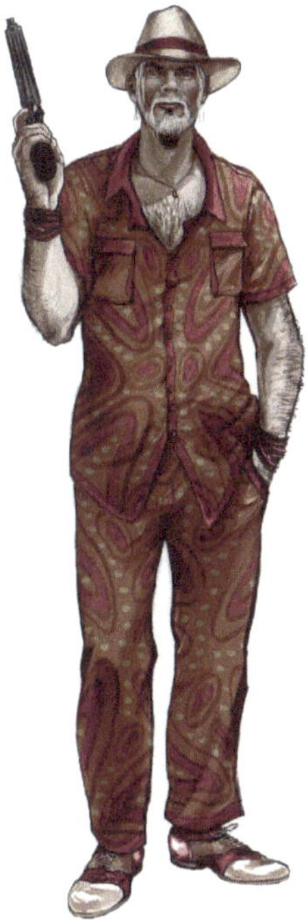

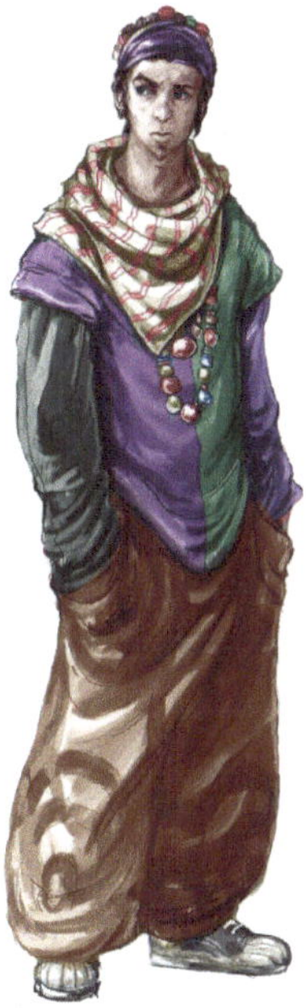

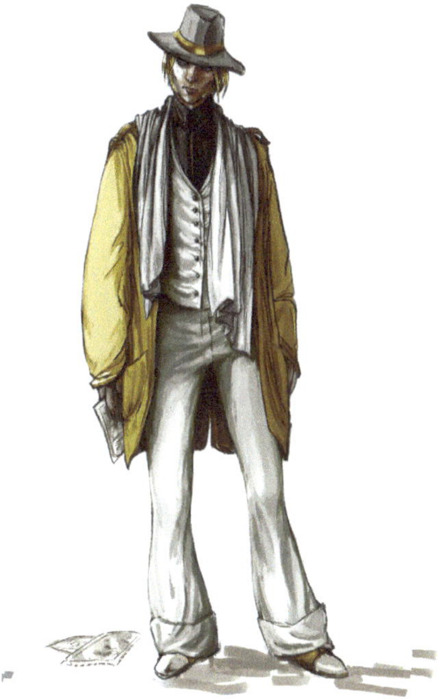

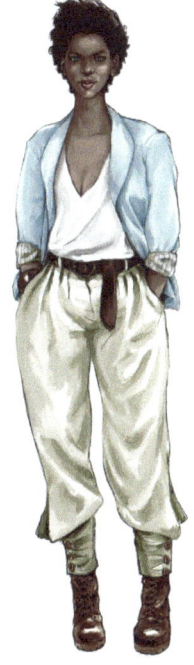
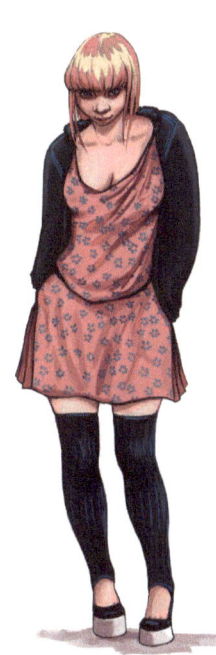

Tu vois la lune

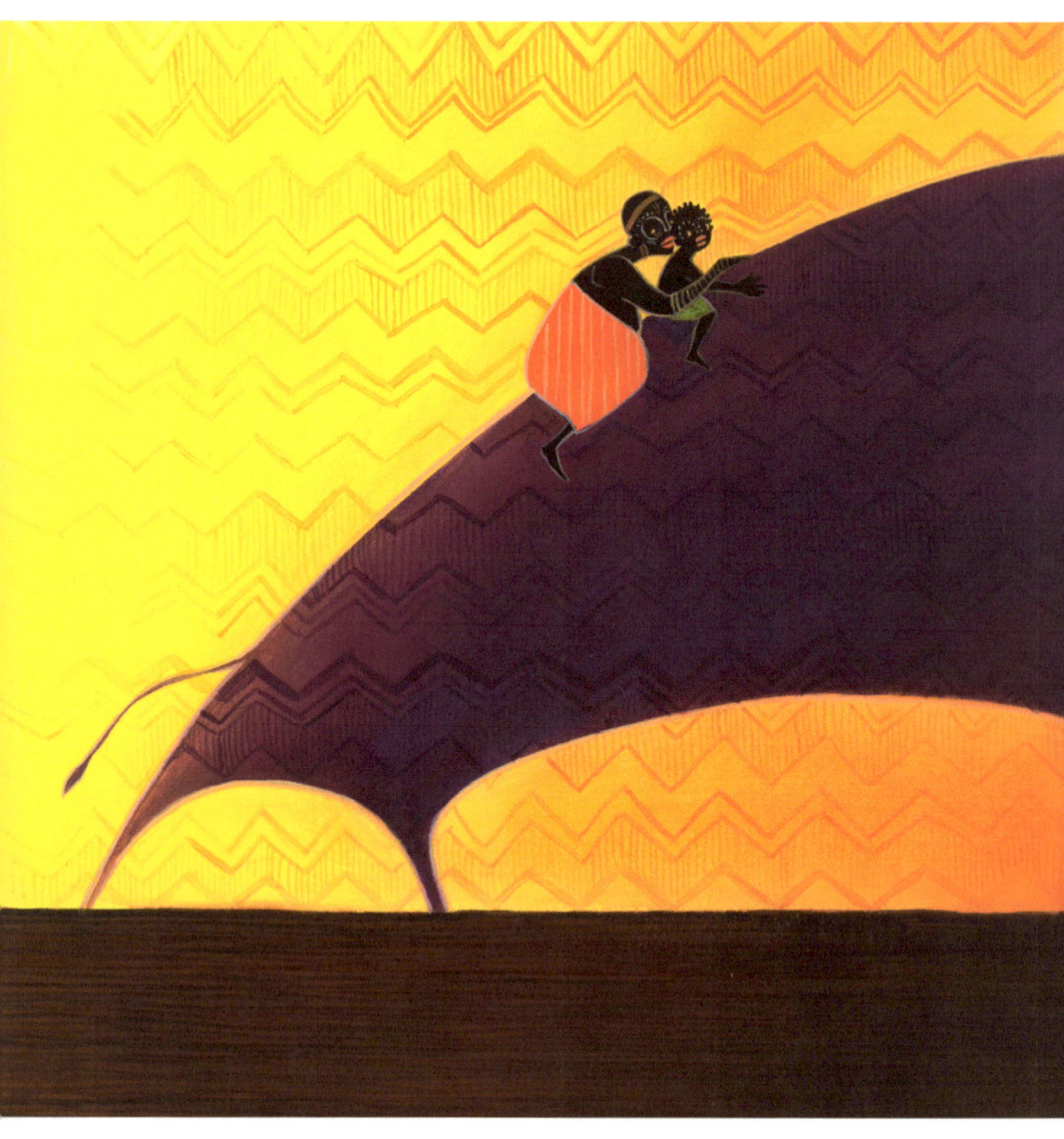

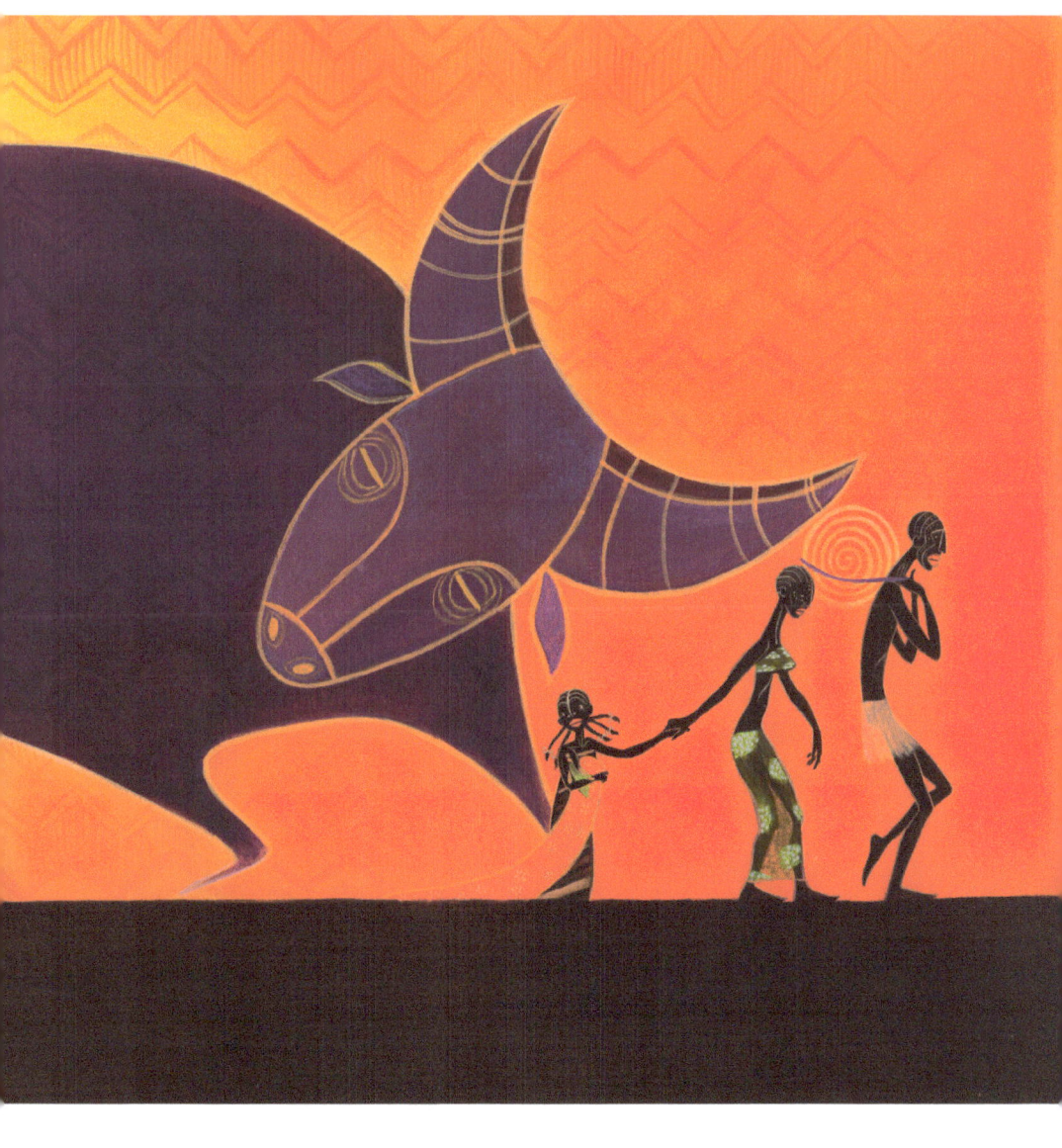

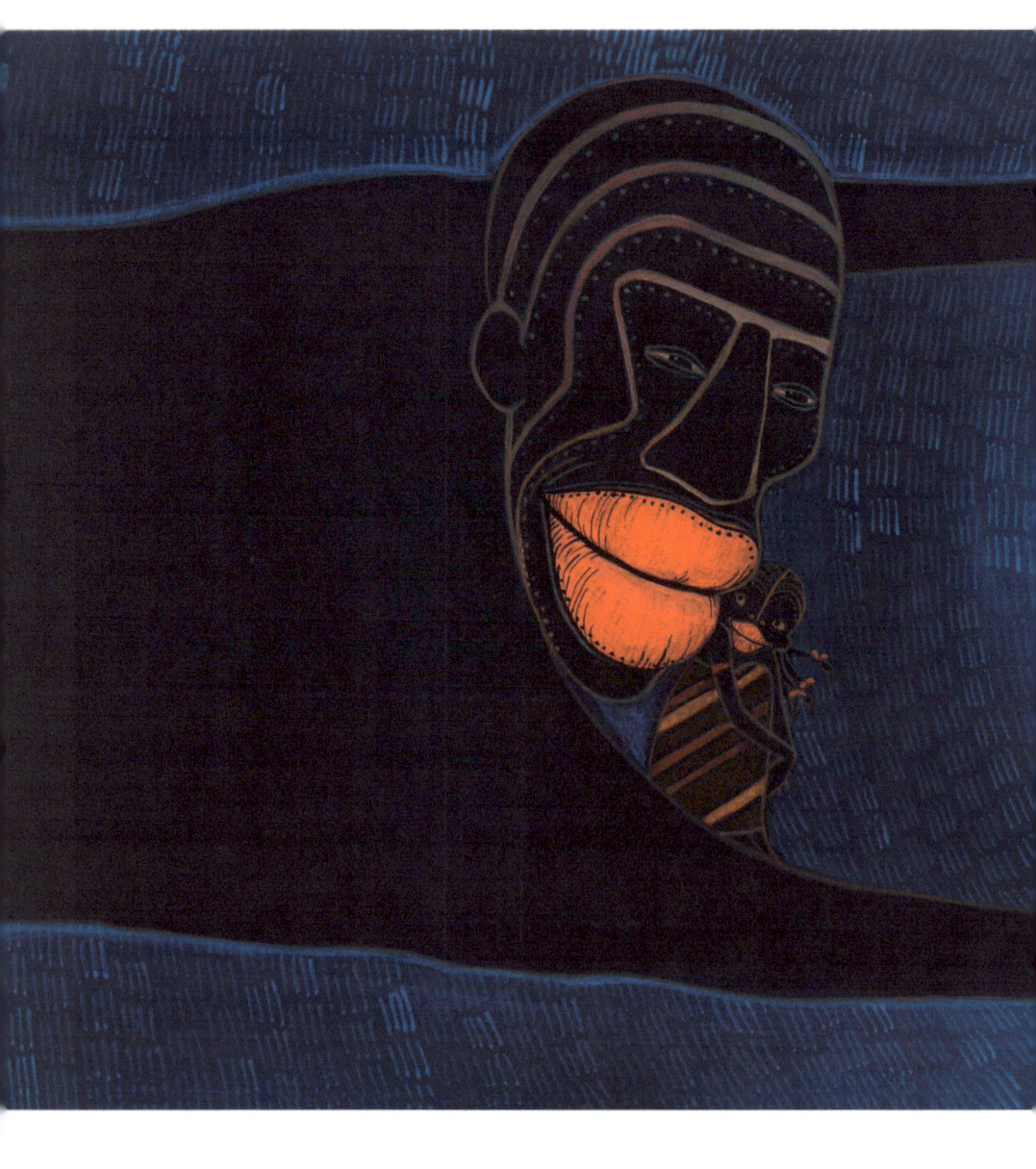

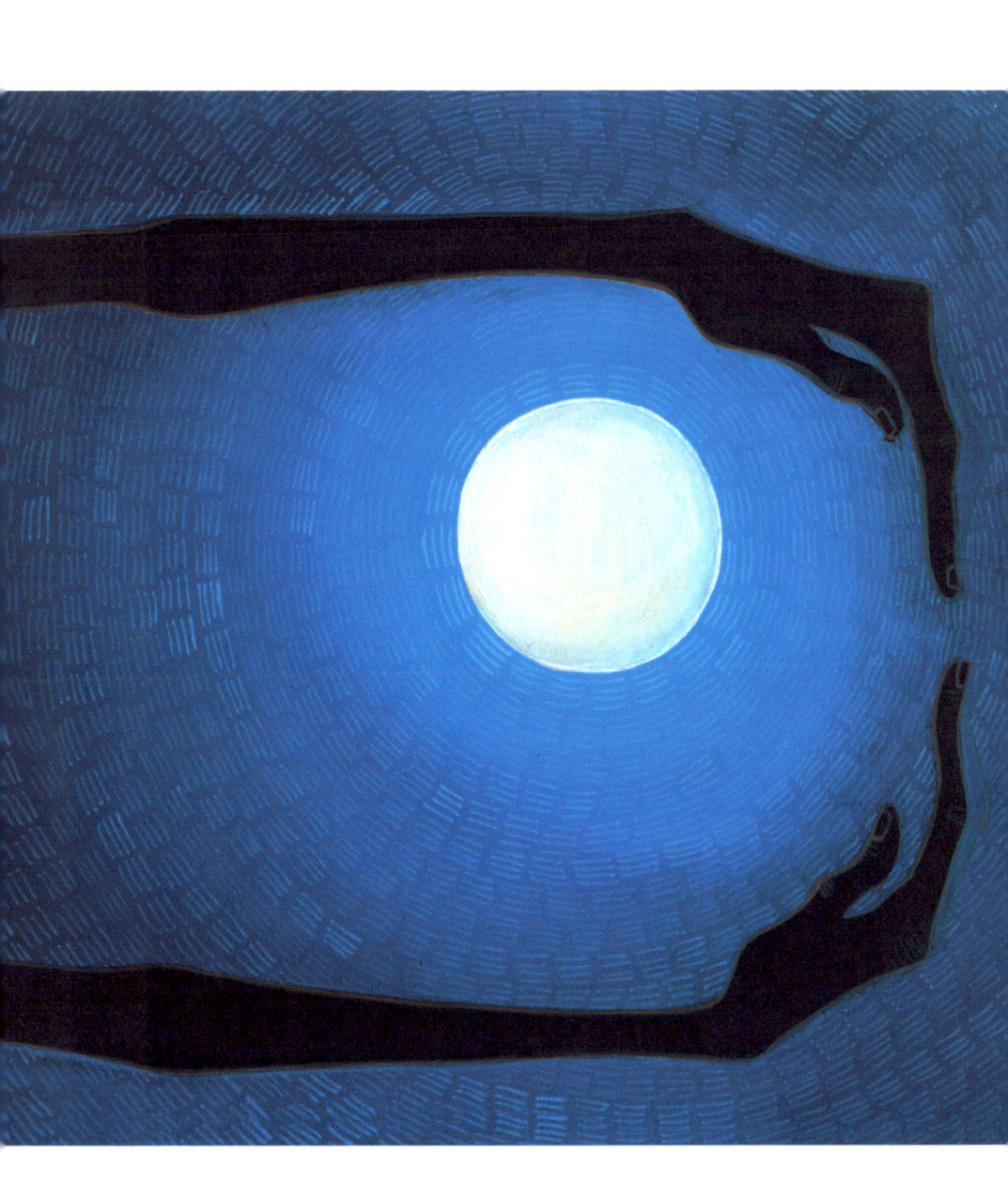

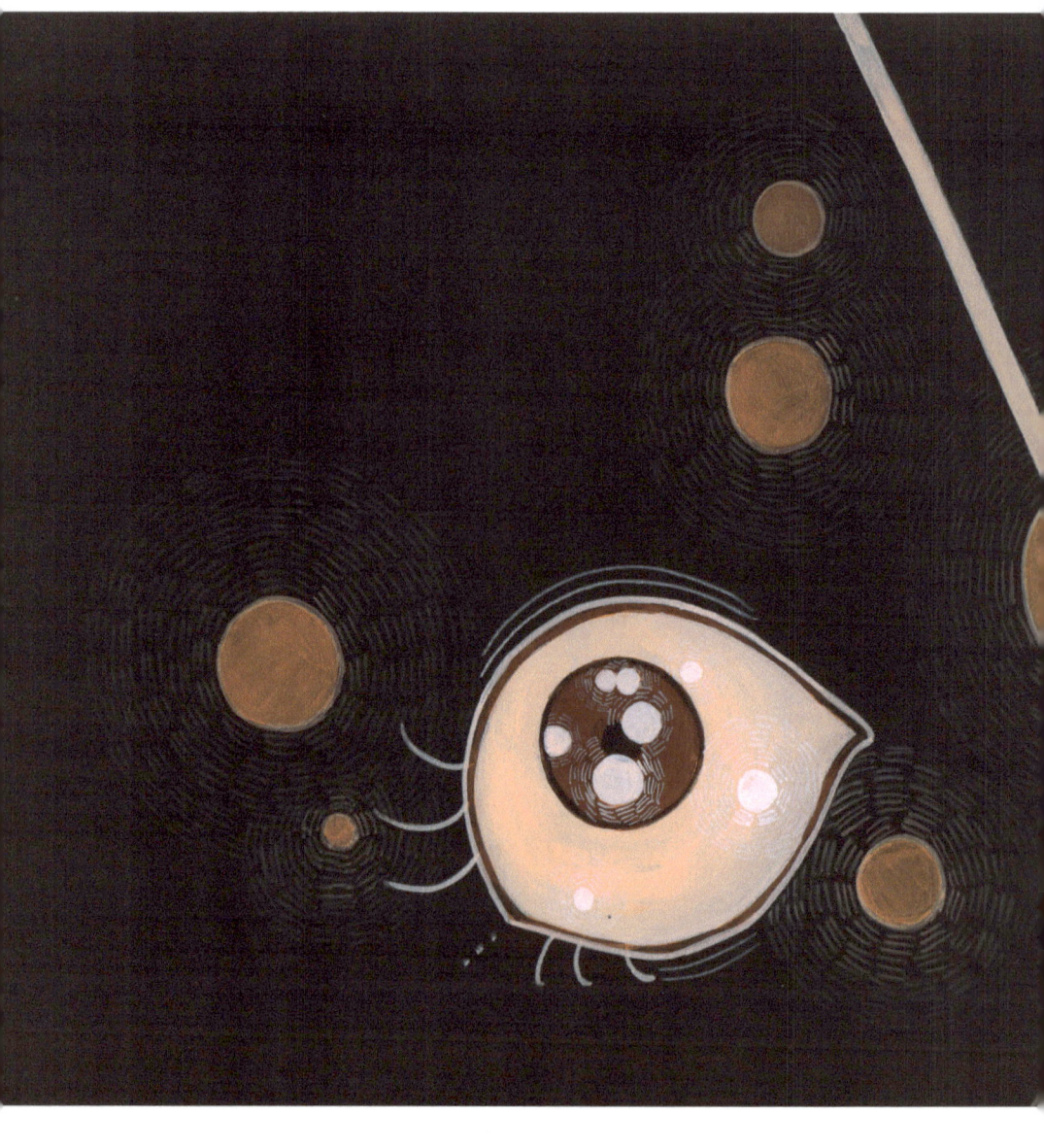

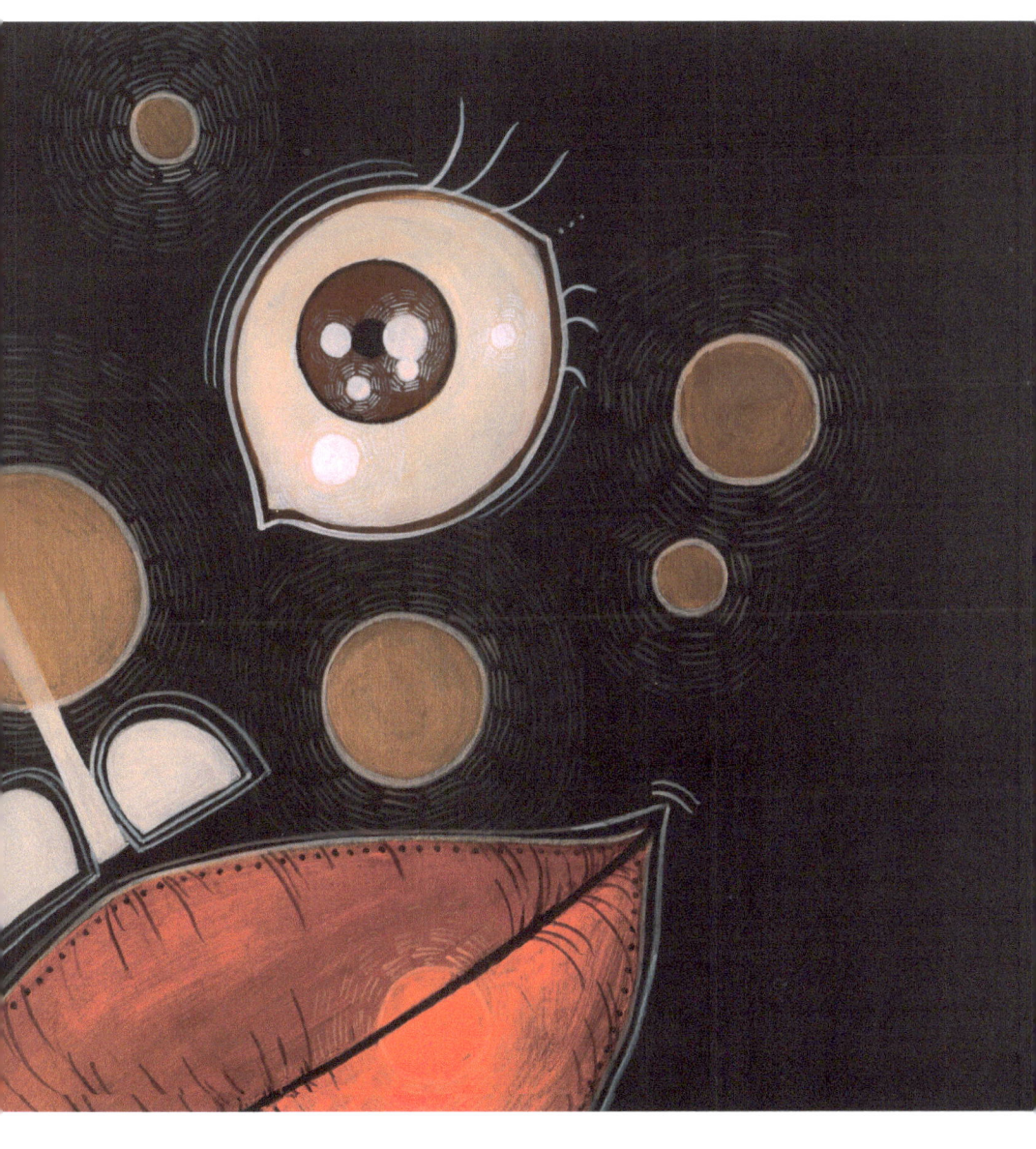

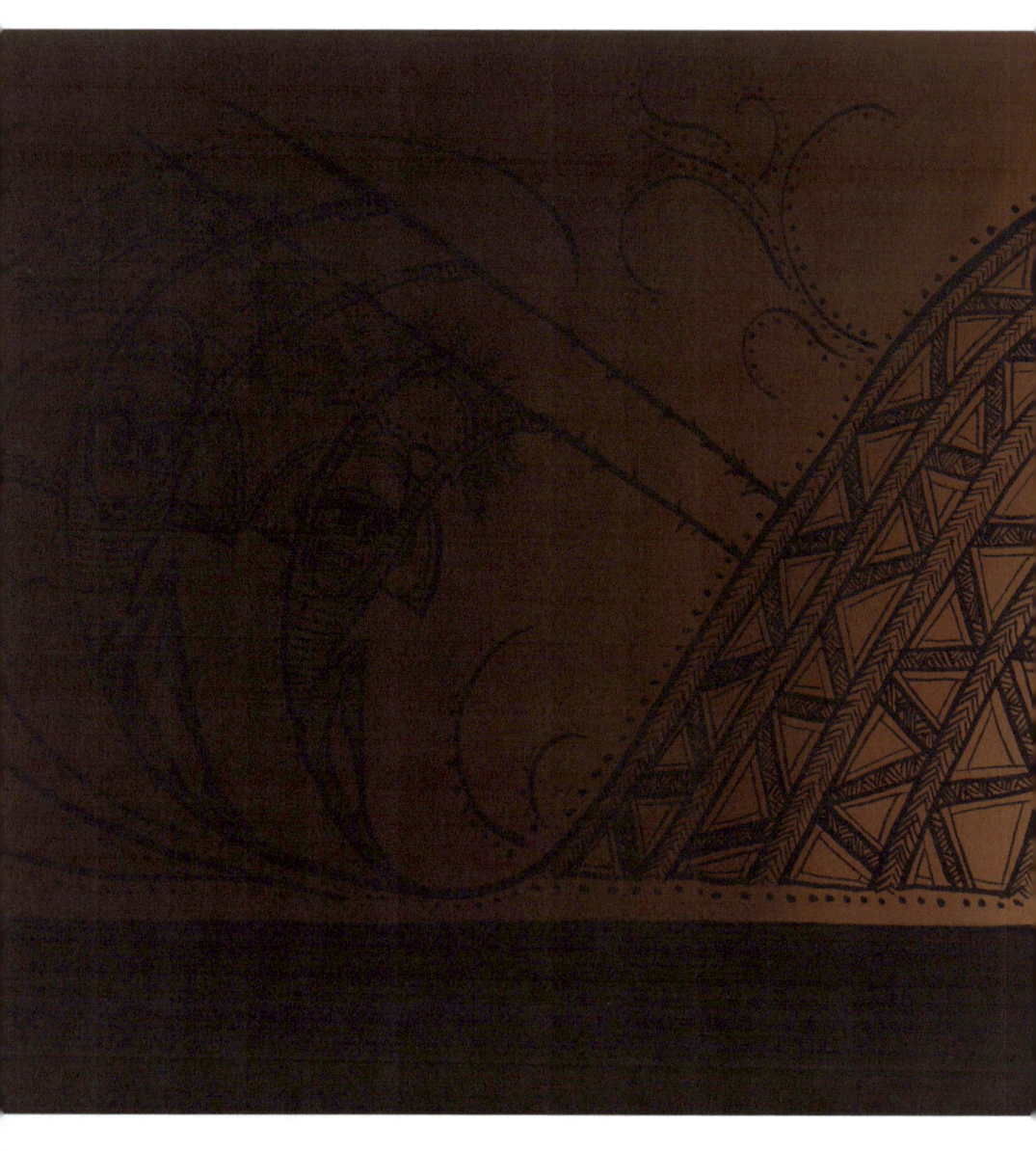

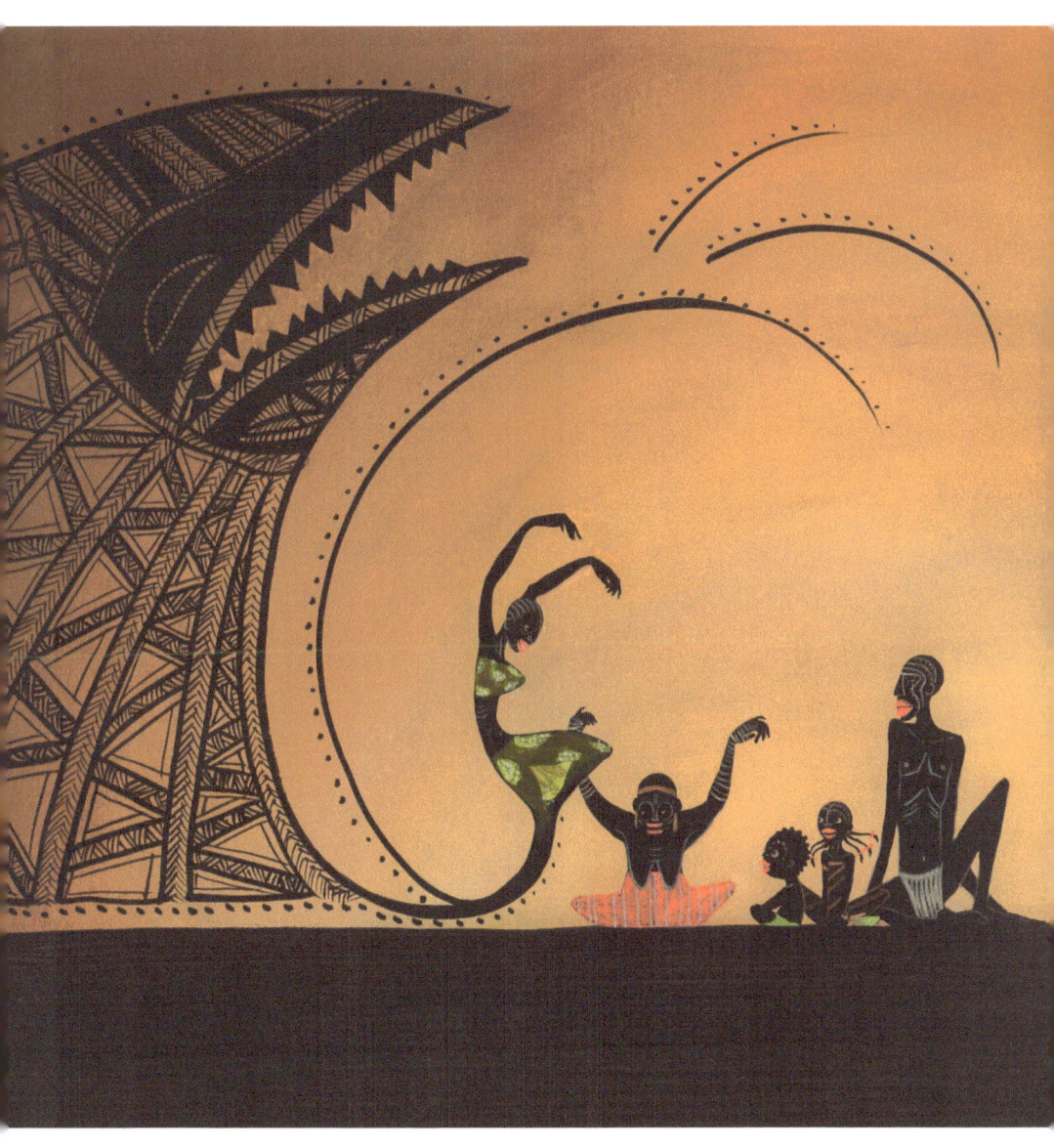

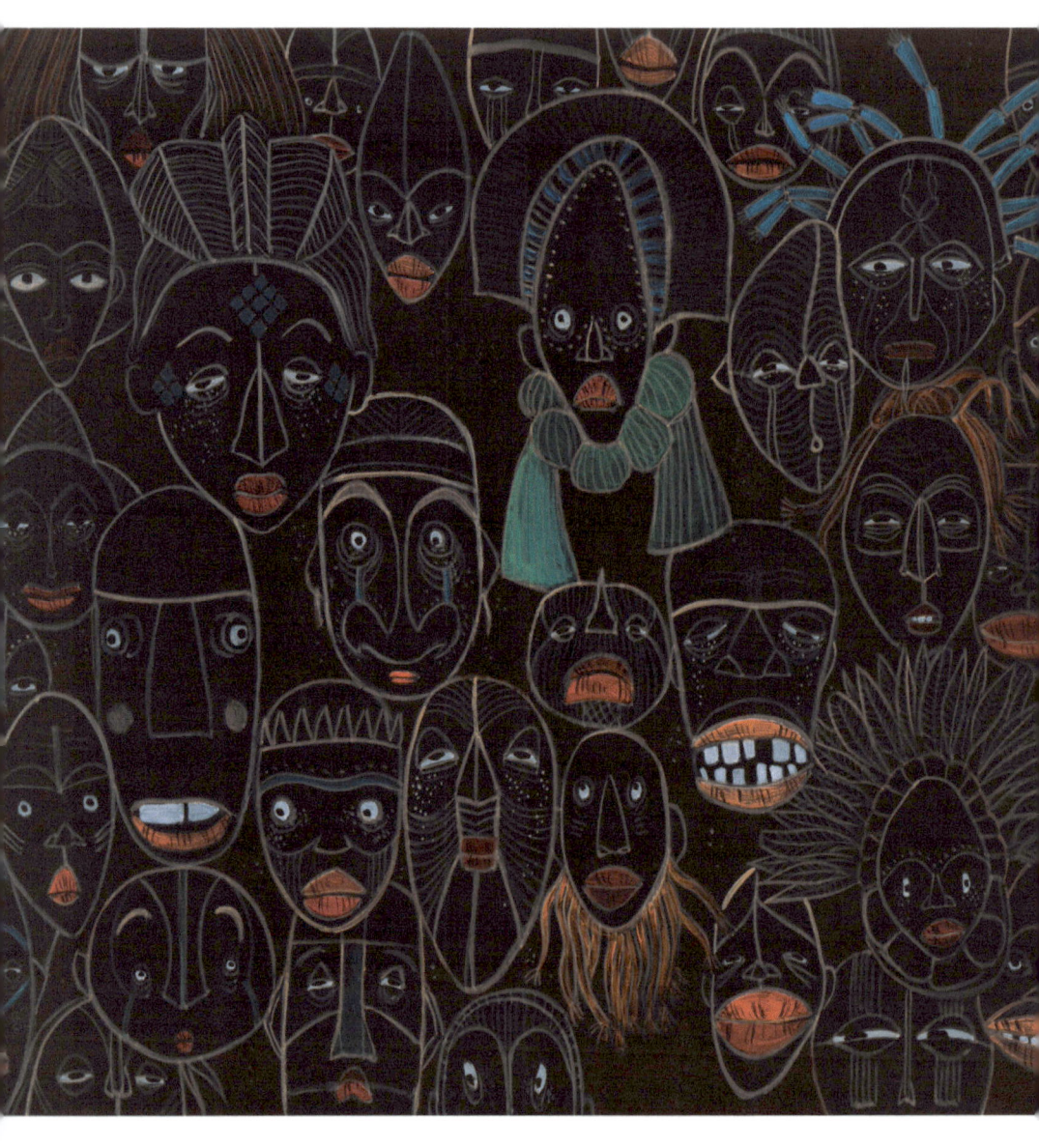

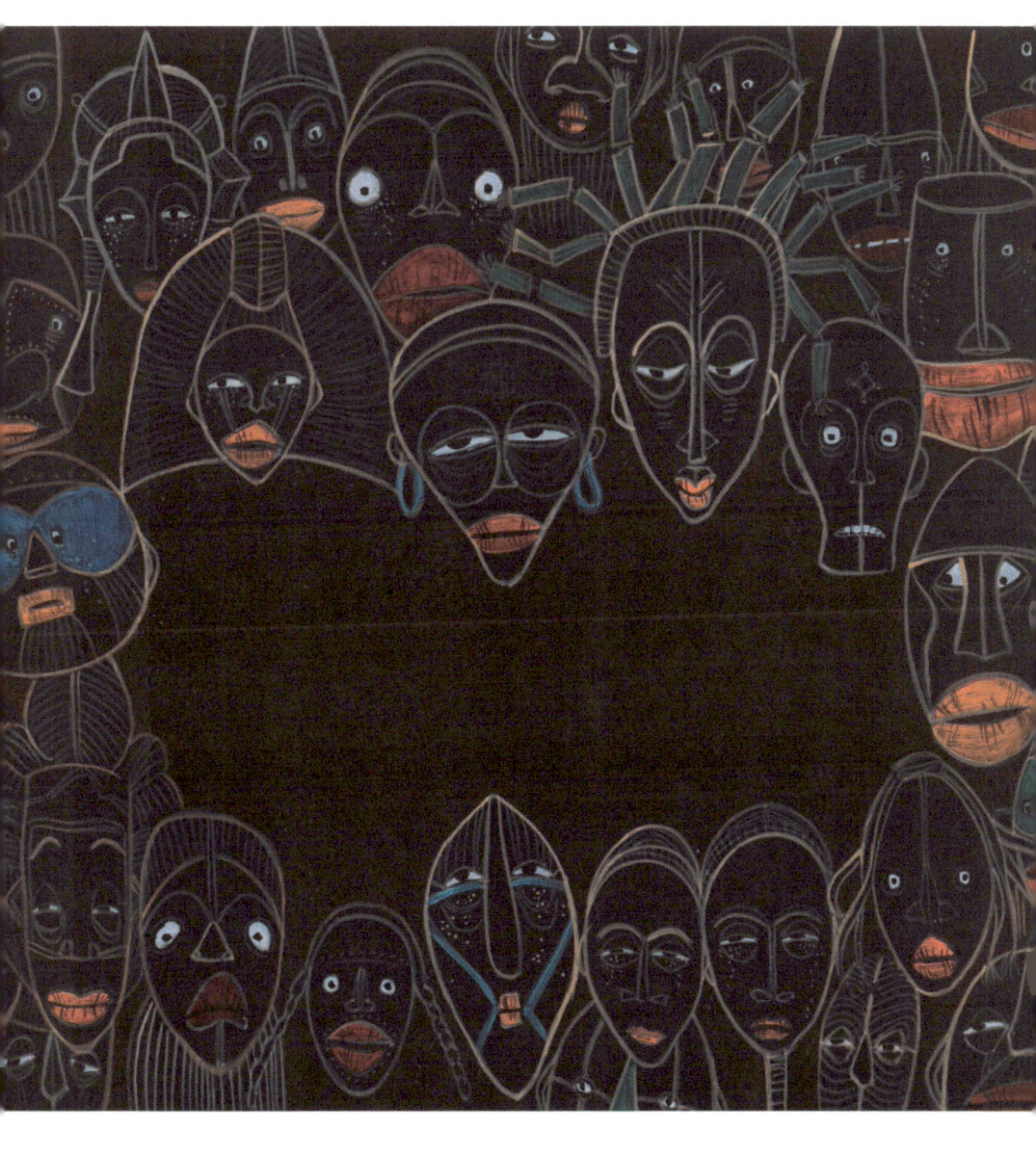

La Pluie des corps

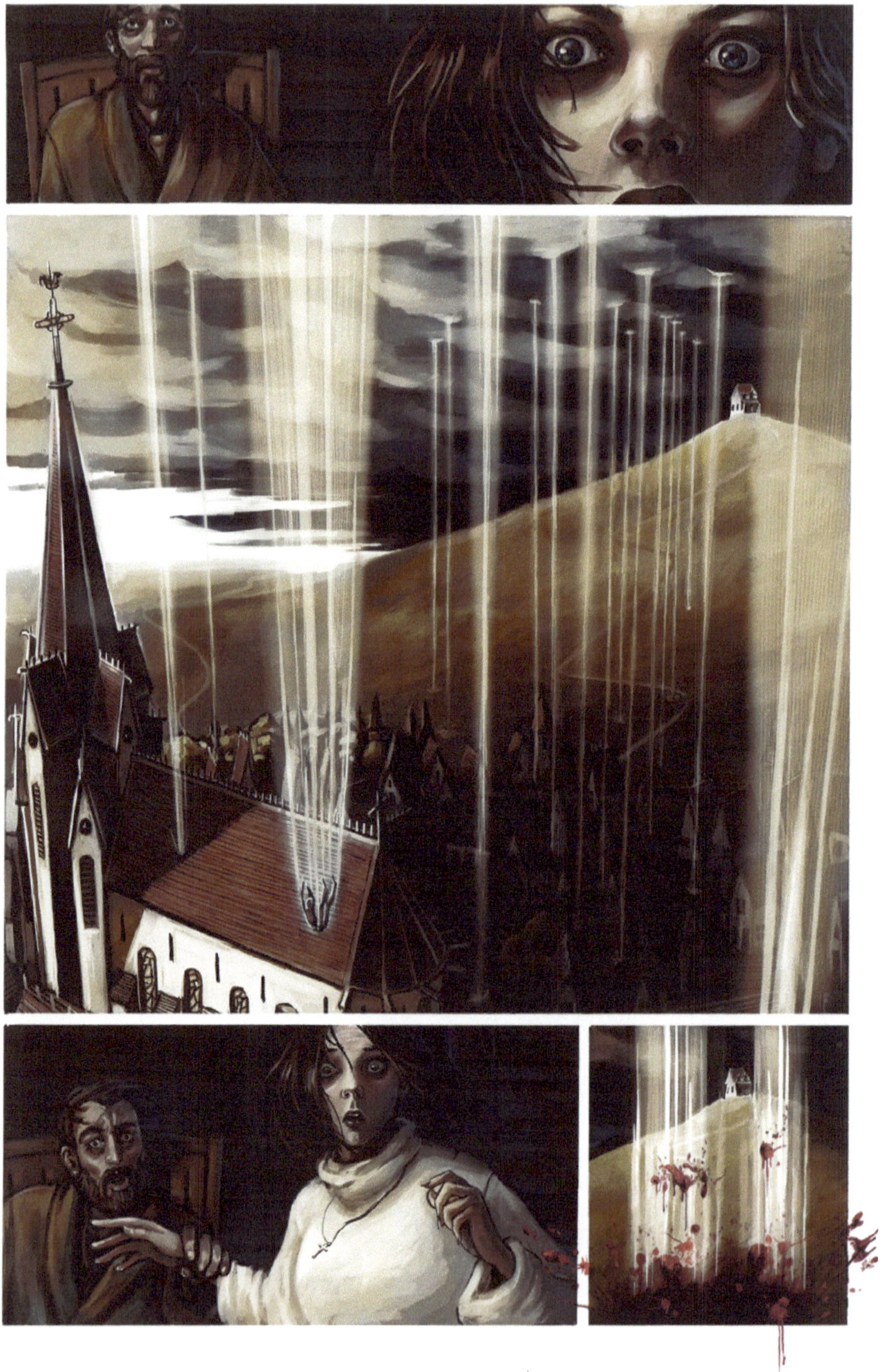

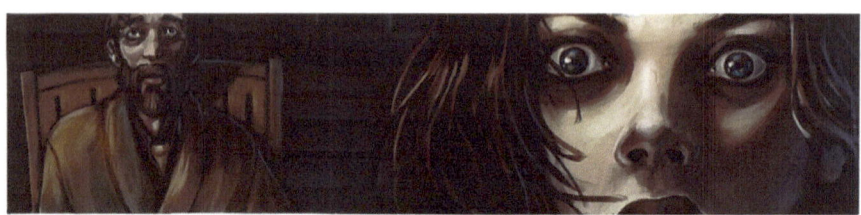
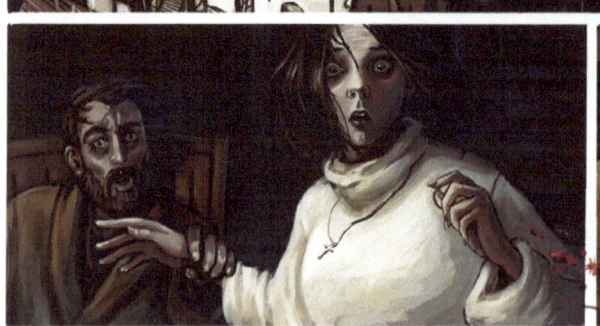
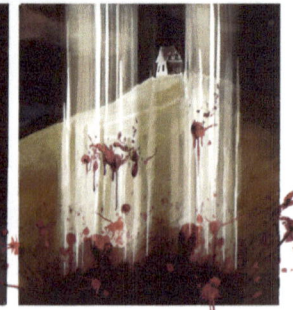

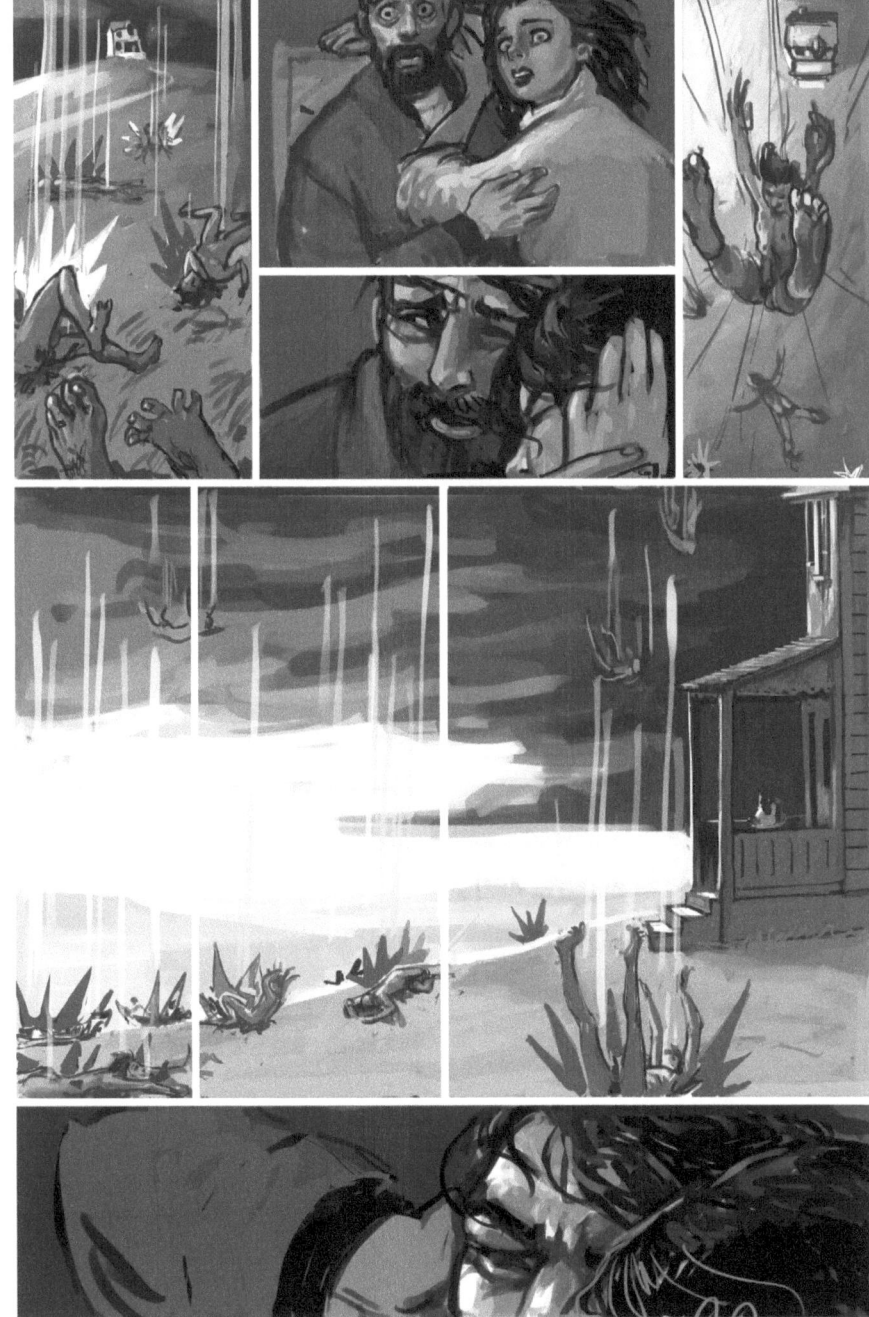

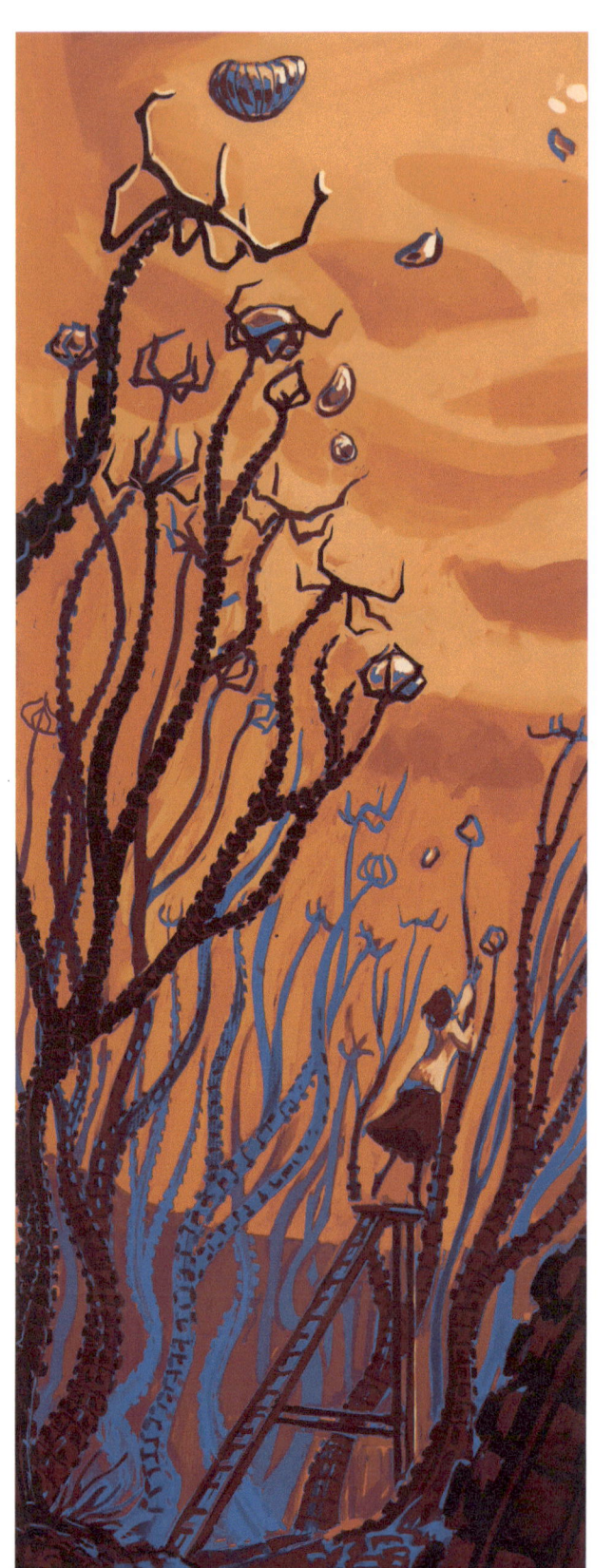

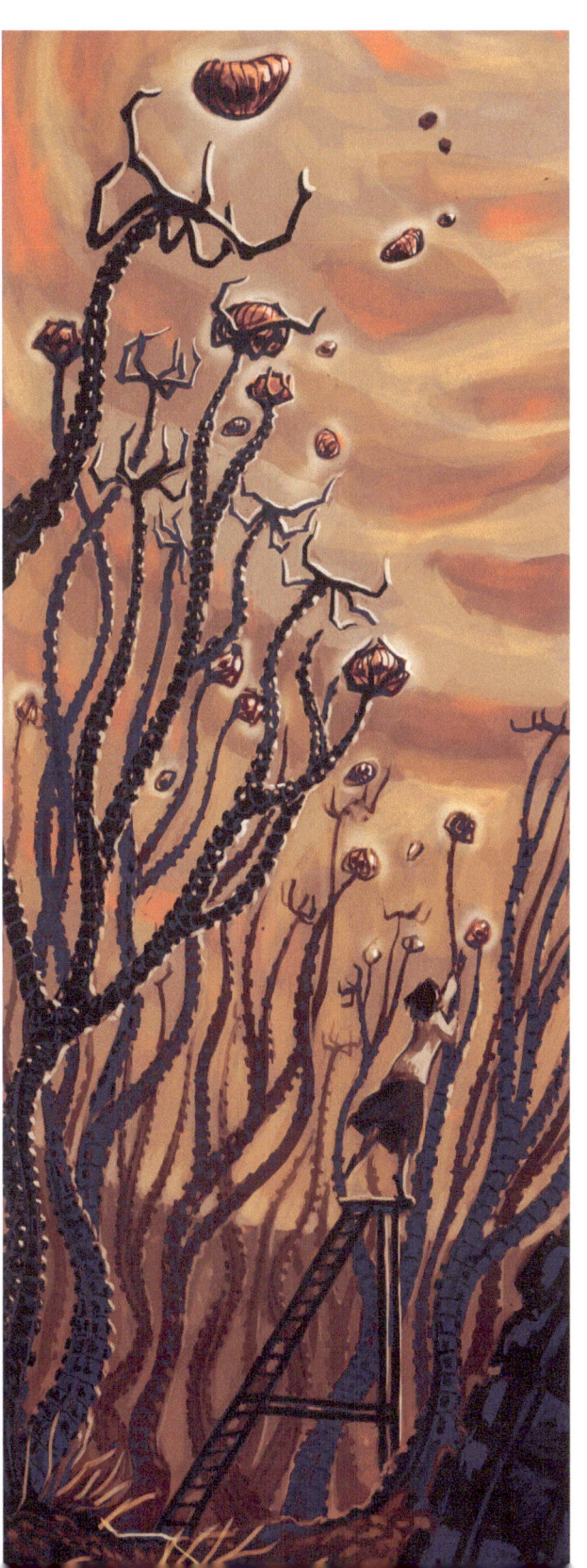

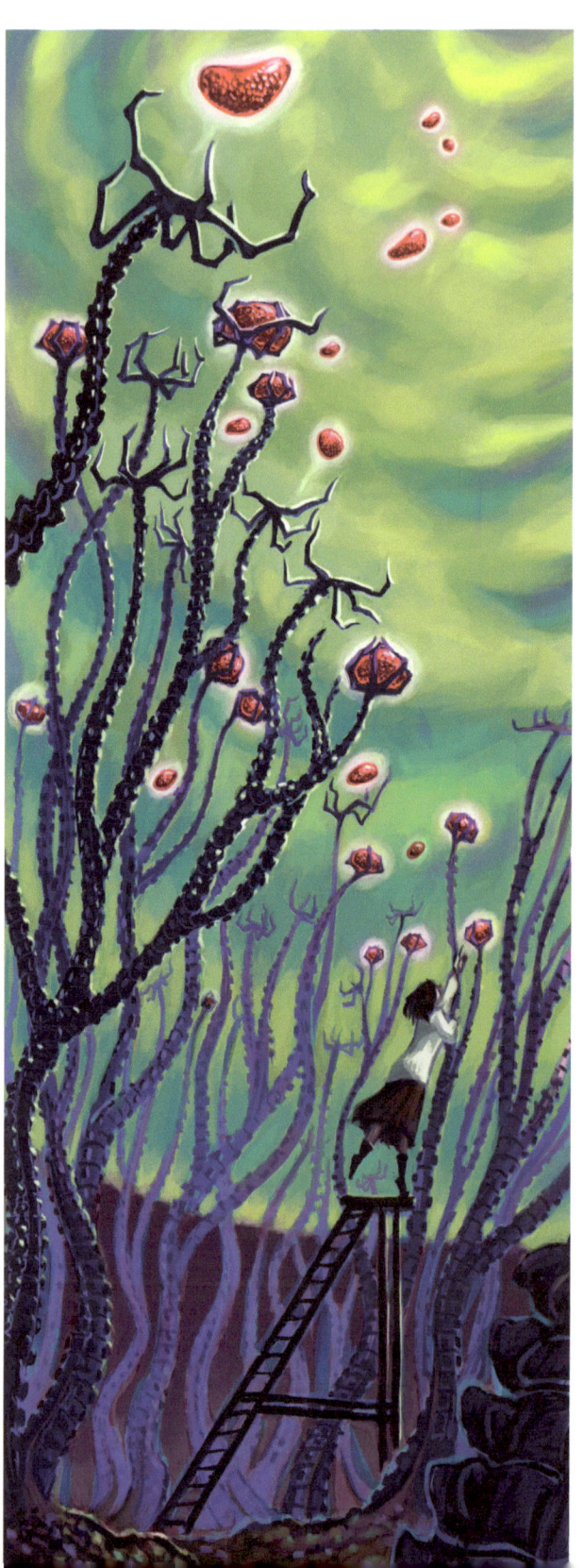

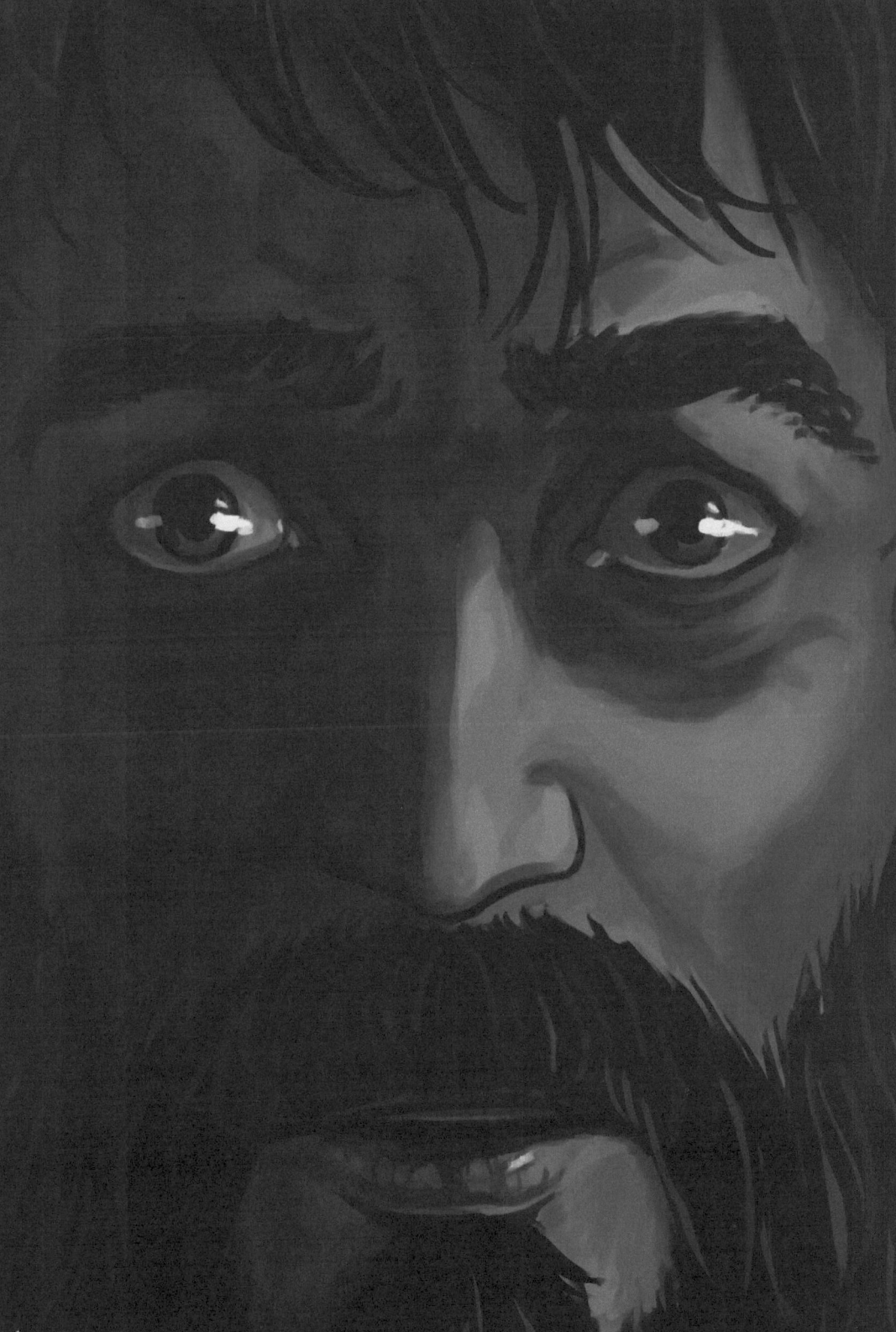

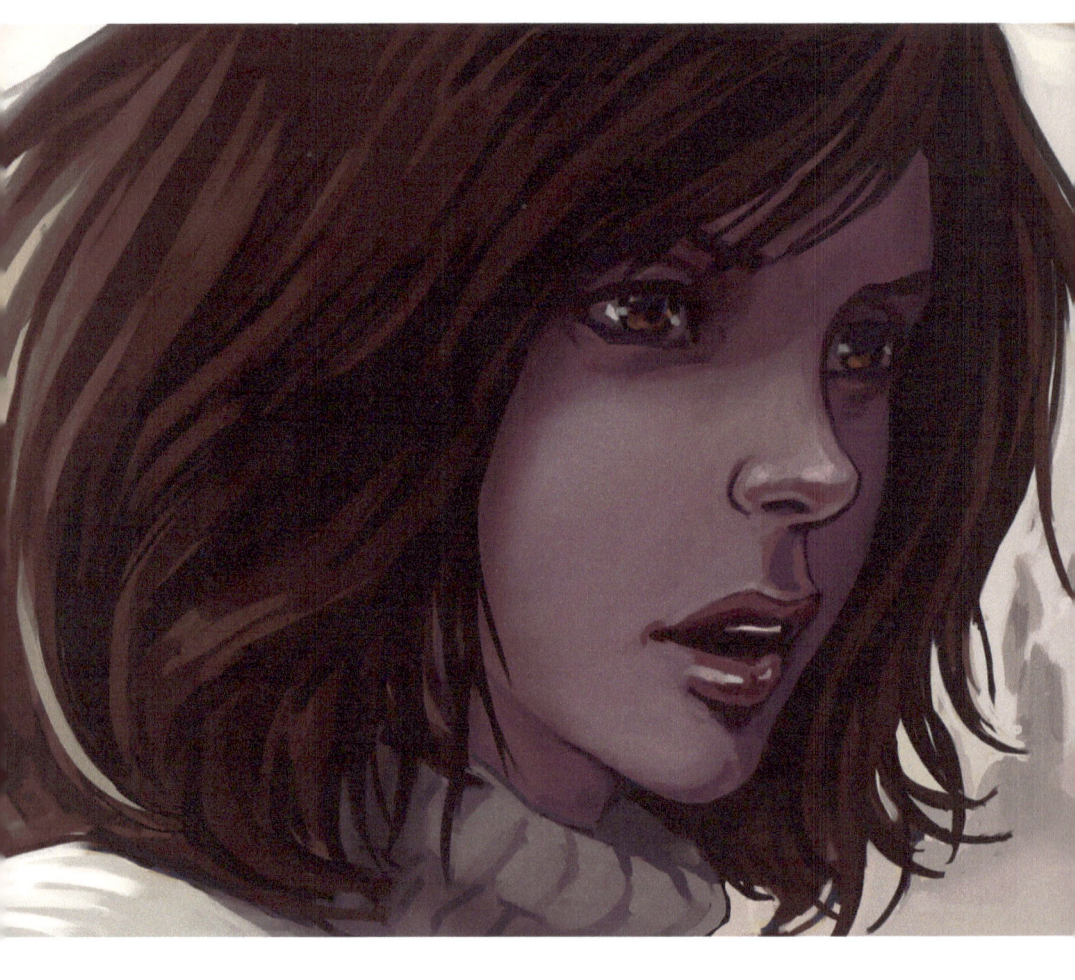

Sasmira

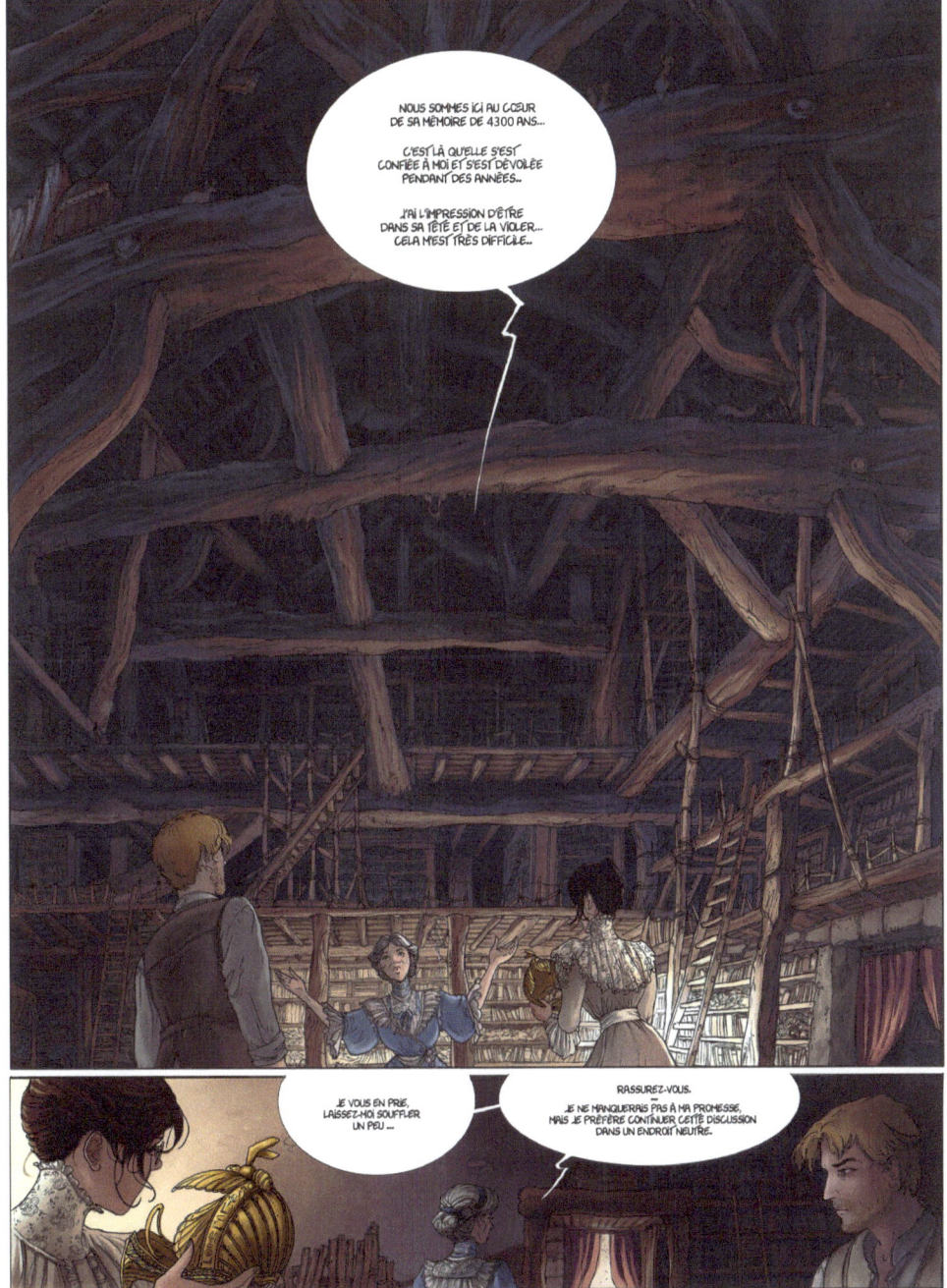

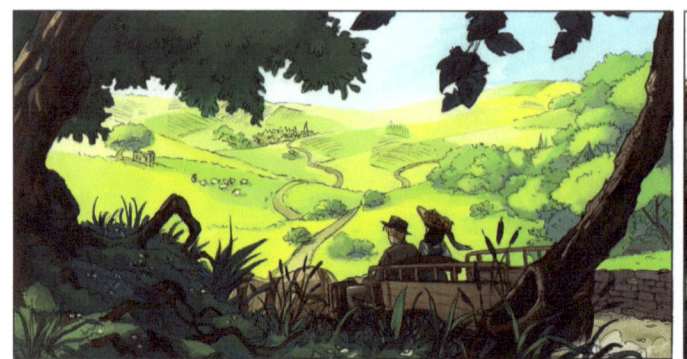
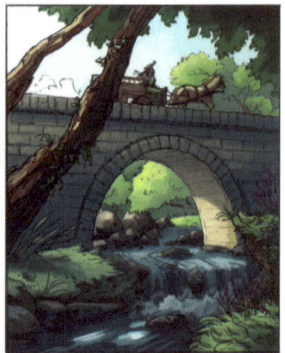
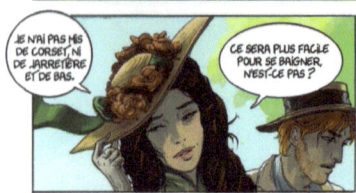
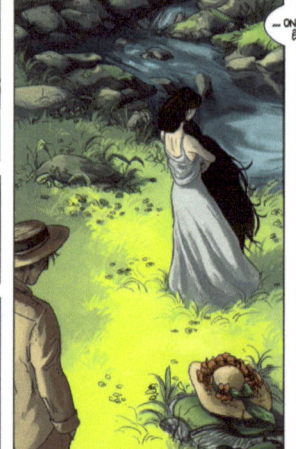
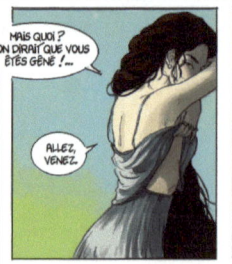
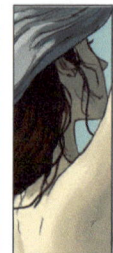
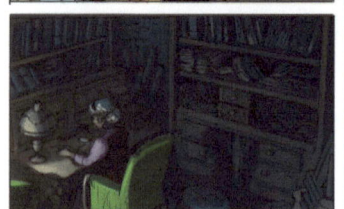
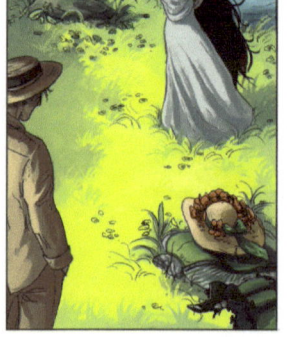
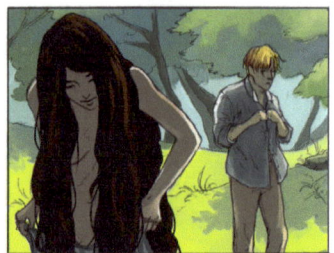
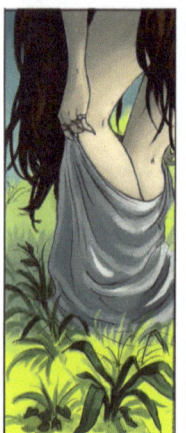
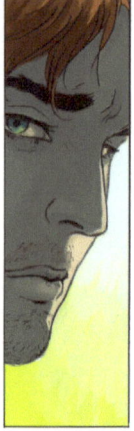
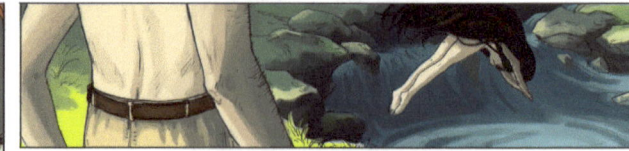
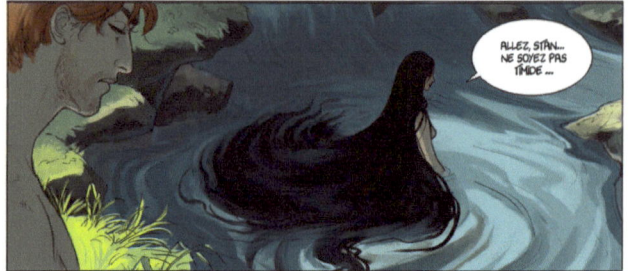

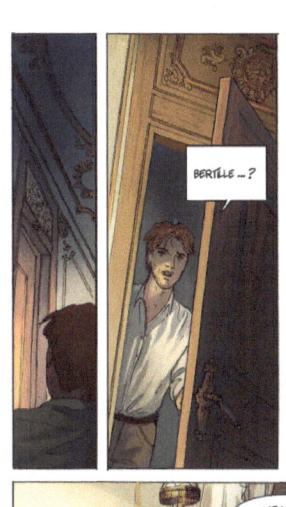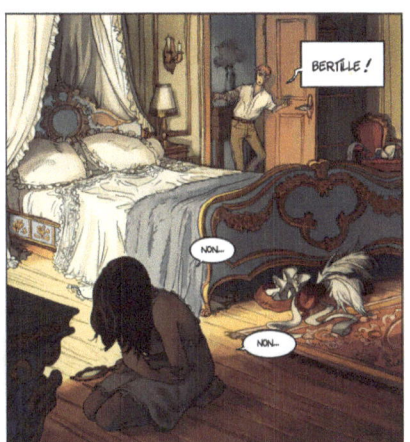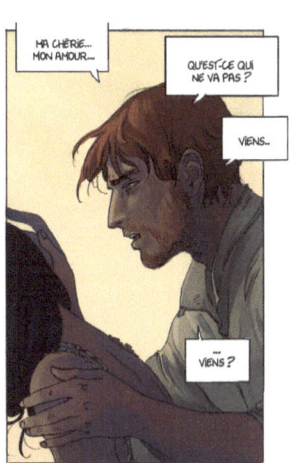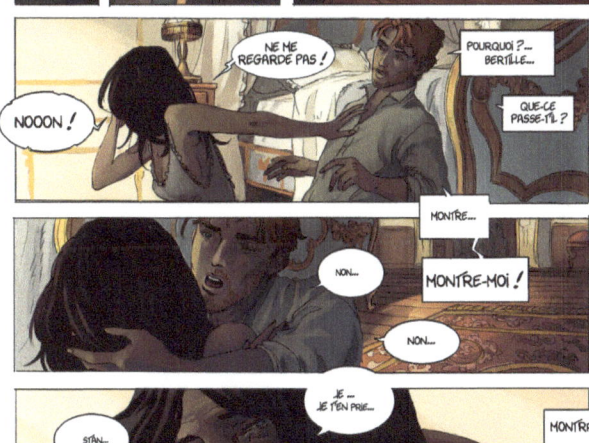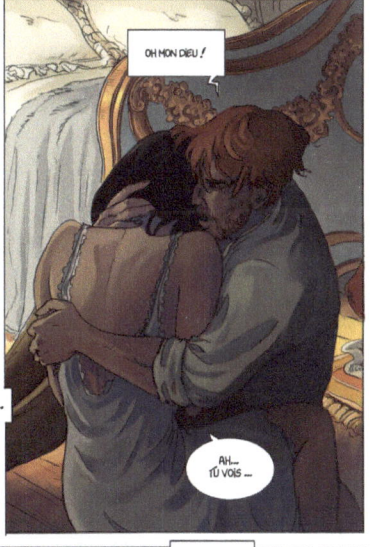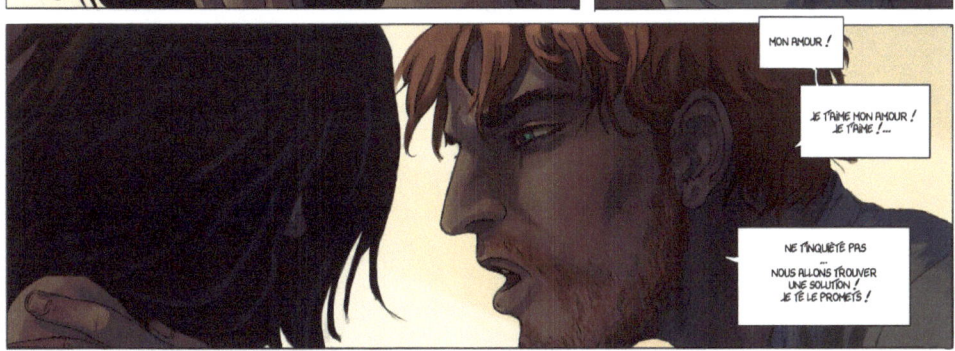

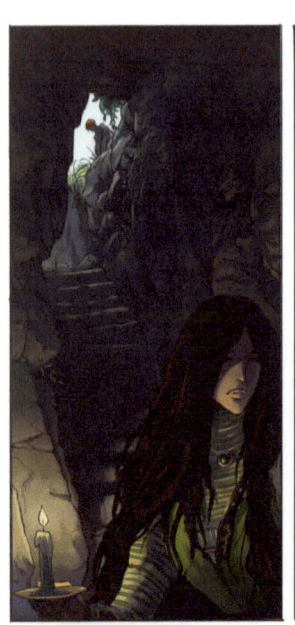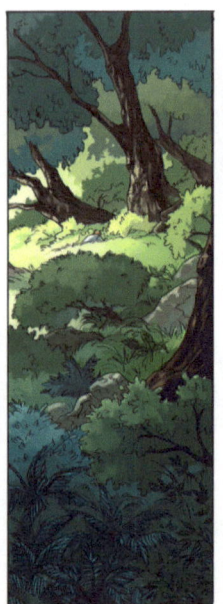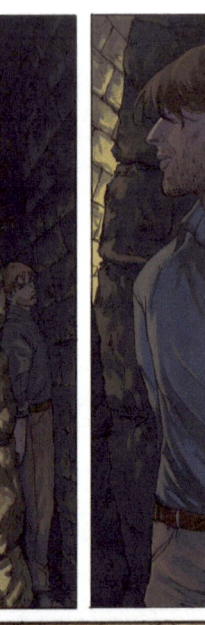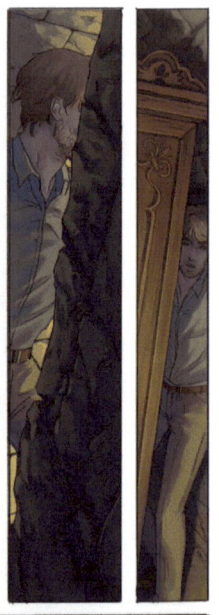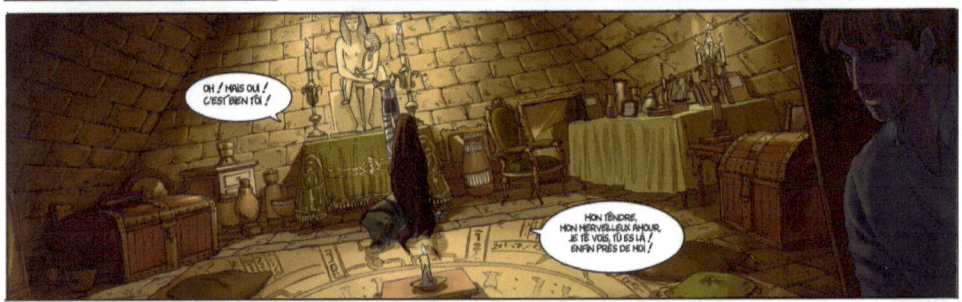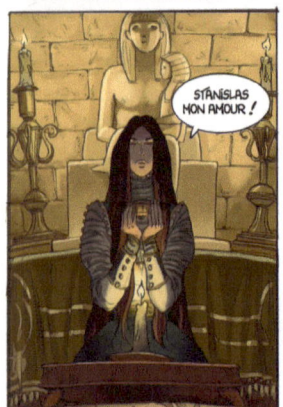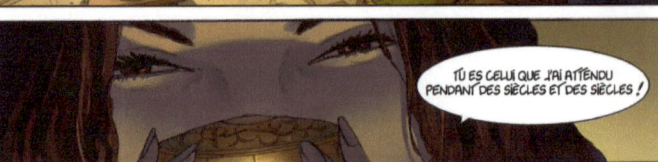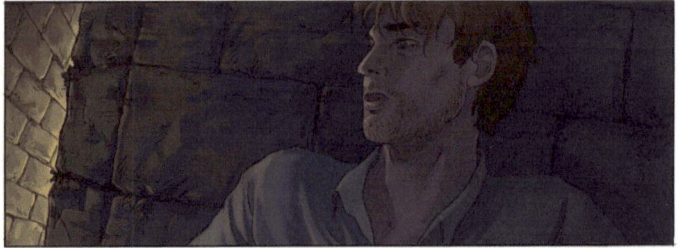

www.ingramcontent.com/pod-product-compliance
Lightning Source LLC
Chambersburg PA
CBHW040330220526
45473CB00009B/2633